二手房销售超级训练手册

（实战强化版）

阚险峰　编著

人民邮电出版社

北　京

图书在版编目（CIP）数据

二手房销售超级训练手册：实战强化版／阚险峰编
著 . —北京：人民邮电出版社，2014.3
ISBN 978-7-115-34122-8

Ⅰ.①二… Ⅱ.①阚… Ⅲ.①房地产—销售—手册
Ⅳ.①F293.35-62

中国版本图书馆 CIP 数据核字（2013）第 297265 号

内 容 简 介

　　本书精心挑选了二手房销售过程中常见的代表性问题，采取情景模拟的形式，通过"错误应对"、"情景解析"、"正确应对示范"三大模块，全方位展示了房地产经纪人应当了解的销售策略与销售技巧。读完本书，你将熟练掌握二手房销售技巧，轻松应对客户的各种异议，快速提升自身的销售业绩。

　　本书适合房地产经纪人（二手房中介人员）、相关培训机构以及有志于从事房地产经纪工作的人士阅读使用。

　◆ 编　著　阚险峰
　　责任编辑　庞卫军
　　责任印制　杨林杰

　◆ 人民邮电出版社出版发行　　北京市丰台区成寿寺路 11 号
　　邮编 100164　电子邮件 315@ ptpress. com. cn
　　网址 http://www. ptpress. com. cn
　　廊坊市印艺阁数字科技有限公司印刷

　◆ 开本：800×1000　1/16
　　印张：16.5　　　　　　　　2014 年 3 月第 1 版
　　字数：180 千字　　　　　　2025 年 8 月河北第 51 次印刷

定　价：35.00 元

读者服务热线：(010) 81055656　印装质量热线：(010) 81055316
反盗版热线：(010) 81055315

前　言

在二手房交易市场上，由于买卖双方对房屋交易的流程不太了解，很可能会在交易过程中产生问题从而影响到交易的正常进行。房地产经纪机构能够在这些方面为买卖双方提供全面、规范的服务，确保交易的顺利进行，同时从第三方的角度保证买卖双方在交易后期的正当权益。另外，房地产经纪机构也是个信息密集型机构，可以为购房者和售房者提供更多的房产和客户信息，让买卖双方拥有更大的选择空间。

目前，我国房地产经纪机构众多，从业人员数量也日渐增长。房地产经纪人这一职业入行门槛低，这使得大多数人认为这个职业很简单，只要能够吃苦耐劳就肯定能做好。怀有这种想法的人，每天兢兢业业、加班加点，节假日也很少休息，却往往不能取得令自己满意的成绩。事实上，要想成为一名优秀的房地产经纪人，勤奋固然不可缺少，但更重要的是要掌握获取成功的方法和技巧。

本书就是为了帮助房地产经纪从业人员掌握这些方法和技巧而写作的。作者依托多年的二手房销售实践与培训经验，收集整理了大量二手房中介工作中经常遇到的问题，又选取了一些实用的典型案例，用通俗易懂、生动活泼的语言表述出来，帮助读者在实际工作中随时应用，真正做到"现学现用"。

随着近两年房地产调控政策和限购政策的相继出台，市场形势和消费者心态正在慢慢改变，销售难度日益增加。基于此，我们修订了《二手房销售超级训练手册》一书。该书第1版于2012年出版，出版后深受广大读者的欢迎。许多从事房地产经纪行业的朋友看了该书以后，通过来信、来电、留言的方式与我们探讨了二手房销售方面的业务，同时希望能增加一些新的、与时俱进的内容。修订后的《二手房销售超级训练手册（实战强化版）》内容更加完善，全书按二手房交易流程分为以下八大模块。

○客源房源一个都不能少　　　　○喜迎巧迎八方来客

○挖掘需求促销售　　　　　　　○带客看房有诀窍

○没有卖不出去的房源　　　　　○讨价还价是有奥秘的

○捅破阻碍成交的最后一层窗户纸　○让投诉变为拥护

《二手房销售超级训练手册（实战强化版）》在第 1 版的基础上做了如下更新。

第一，采用了"错误应对＋情景解析＋正确应对示范"的写作模式，使读者阅读起来更加方便。

第二，在每一个情景的后面都增加了一段"点评"，简洁地揭示了该情景的应对技巧和关键点。

第三，增加、修改和替换了大量的情景案例，使本书内容更加贴合新政策下的市场形势和消费者心态。

在本书的编写过程中，范志德、陈梅凤参与编写了本书的第一章，魏玉兰、陈信洪参与编写了本书的第二章，杨国盛、张秀玲参与编写了本书的第三章，谢芬芬、曾建宇参与编写了本书的第四章，吴文生、卢广平、王阿星参与编写了本书的第五章，陈海全、陈信科、杨文良参与编写了本书的第六章，王毅毅、许坤棋参与编写了本书的第七章，林碧、陈信林、巫许云参与编写了本书的第八章。全书由阚险峰统撰定稿，由陈春洁担任顾问审核。由于作者水平有限，书中难免有不足之处，恳请广大读者批评指正。

目 录

客源房源一个都不能少

第一章

情景 1：业主说要自己销售，不用找中介

 错误应对

1."您没有渠道和客户，自己怎么卖？"

点评：作为房地产经纪人，与业主沟通时最忌讳用反问的形式，这样会让业主觉得难堪，容易引起业主的不满。

2."您自己肯定是卖不出去的。"

点评：这种情况一般发生在房地产经纪人打电话找房源的时候。一听到这种话，业主肯定十分生气，必然会挂掉电话，不会留给房地产经纪人继续交谈的机会。

情景解析

业主表示要自己销售而不需要通过中介代理，这种情况一般发生在房地产经纪人主动打电话给业主问询房源的时候。电话沟通有一个弊端就是很难捕捉到客户的心思，所以一定要尽量顺着客户的意思来说服对方。在遭到客户的拒绝之后，不要轻易放弃，也不要一个电话接一个电话地死缠烂打，而是应该站在客户的角度去思考：客户为什么不想委托中介卖房？

业主拒绝中介代理不外乎两个原因：一是对房地产中介公司不信任；二是想省下中介费用。因此，房地产经纪人在与业主交流的时候，可以从以下三个角度来说服对方。

首先，让业主相信你的公司是正规的大公司，操作非常规范，能够保证交易的安全性，解除业主的后顾之忧。要想做到这点，最好能够举出一些实例来证明。

其次，向客户说明"跳过"中介自行交易的不利和风险。二手房市场和一手房市场不同，买方和卖方大多数是非专业人士，而二手房交易是一个烦琐的过程，需要办理许多手续。一旦跳过中介，买卖双方就必须亲自去处理这些事务，会消耗极大的时间和精力，不但会降低交易的效率，还很可能一不小心落入一些交易陷阱。

最后，向客户说明通过中介代理能够带来的好处和利益，比如公司推广渠道多样、客源丰富，能够以更快的速度、更高的价钱将房子卖出去，还可以用帮助搞卫生、打广告、重点推介等额外利益来吸引业主。

如果谈到最后业主依旧表示要自行销售，为给业主留下一个好印象，也为了给自己留一条后路，房地产经纪人应向业主表示，自己在二手房销售方面比较专业，如果业主有什么不懂的地方，可以随时打电话来询问，自己会为其提供一些有价值的信息。这样，业主会对你产生好感，说不定以后就委托你卖房了。

✅ 正确应对示范

经纪人："王小姐，我在网上看到您有一套××小区的房子要出售，想向您了解一下具体情况，可以吗？"

业　主："你说吧。"

经纪人："请问您的房子多大？在几层？"

业　主："138平方米，三室两厅，11层。"

经纪人："可以看得到××山吗？"

业　主："可以。对了，你是不是中介啊？"

经纪人："王小姐，您可真厉害，一下就能听出来。是的，我是××房产的小张。"

业　主："对不起，我没有打算找中介。"

经纪人："王小姐，是这样的，我家就住在××小区边上的××花园，我对那一片区非常熟悉，已经卖过十几套那里的房子。而且，我现在手头上就有三个想买××小区的客户，如果您委托我们销售，相信很快就能帮您卖出去的。"

业　主："算了，现在的中介都不可靠，听说很多中介还吃差价。"

经纪人："王小姐，我想您可能是对我们中介行业有所误解。确实有些中介存在吃差价的行为，但我们公司是市十佳中介之一，至今还没有出现过客户投诉的事件。而且，我从事这一行业五年了，相对来说经验还是比较丰富的，你们小区 3 号楼 502 就是我帮忙卖出去的。"

业　主："哦，是吗？可是我还是觉得不够放心，还是自己卖好了。"

经纪人："其实，委托中介卖房对于业主来说还是很有好处的。比如，我们可以更快地帮您卖出房子，可以为您节省时间和精力……另外，二手房交易手续挺烦琐的，如果不交由专业人士处理，很可能会出现一些风险。前几天报纸上还刊登了一条新闻，说一位业主自行将房子出售，由于对相关法律法规不熟悉，结果最后出了问题……"

业　主："听你这么一说，我还真有些担心，那我什么时候去你们公司看看？"

经纪人："好的。您看是明天上午还是明天下午？"

业　主："明天上午 10 点吧。"

经纪人："好的。王小姐，明天上午我会专程在公司等候您的，我们公司在××路176 号，就是××小学对面。"

业　主："好的。"

经纪人："王小姐，为了方便联系，我留个手机号码给您，如果找不到我们公司，您可以给我打电话。"

业　主："好的。"

点评：业主不愿意委托中介卖房，主要是对中介行业不了解以及由此产生的不信任。作为一名房地产经纪人，首先要以真诚的话语赢得客户的好感，接下来再帮客户分析委托中介买卖房产的好处，只有博得了客户的同理心，才能使得面谈甚至委托成为可能。

情景2：业主说有朋友做中介，要独家委托给朋友卖房

 错误应对

1. "多委托几家中介，房子卖得更快。"

点评：人们肯定会对自己的朋友更为信任，这样苍白无力的阐述，难以达到吸引客户的目的。房地产经纪人应该用一些较为生动的语言和案例来告诉客户多委托几家中介的好处。

2. "独家委托都有一个代理期限，超过期限，就算房子没有卖出去，您同样要付中介费用。"

点评：业主短时间内可能会因为对这个问题不太了解而心生困扰，但是并不会因此就答应你的代理请求，而是会立刻向其朋友咨询具体事宜。

3. "独家委托很容易引起纠纷，不信您可以上网查一下，很多专家都表示要防止被独家代理。"

点评：独家委托有独家委托的好处，更何况客户要独家委托的对象是其朋友，这样的应对有挑拨离间的嫌疑。再者说，任何中介公司都会有独家委托的案例，若客户反问"你们公司难道就没有独家委托"，那么经纪人这样的回答无疑就是搬起石头砸了自己的脚。

情景解析

房地产业内有句经典名言："好房源是交易成功的一半。"为此，房地产经纪人必须珍惜每一处房源，尤其是优质房源，这是交易成功的基础。

业主表示要独家委托给朋友，你当然不能轻易放弃，因为多在几家中介机构登记房源对业主并没有什么损失，很多业主为了能尽快卖出房子，通常也乐意到不同的中介门店去登记房源信息。所以，应该让客户认识到多委托一家中介机构销售房产对其而言并没有任何损失，反而能获得更多的利益。若是业主犹豫不决，可用一些额外的利益来吸引客户，比如说自己会将该房作为重点房源在报纸或重要媒介上打广告进行重点推介等。

当然，也可以适当地告诉客户独家委托并非想象中那么完美，若业主自行买卖成交，仍然需要向代理方缴纳相应的佣金，而代理方不能按期卖出房屋也不需要承担任何责任；在代理销售期间，只能降低房价而不能抬高房价；有些中介甚至还规定，超出约定房价的部分，双方要按一定比例分成等。有一点需要记住，在讲述独家代理的弊端时，语气要诚恳，不要让客户认为你在刻意诋毁。

需要注意的是，绝对不能为了获取客户的委托而去说其他中介的坏话，否则必定会招致客户的反感，尤其当客户想将房源委托给朋友的情况下。你应通过介绍自己公司的实力及信誉来获取业主的信任，最好能举出一些成功案例。另外，你还应让业主了解将房源委托给你对他有什么好处，有好处才会让他动心。

正确应对示范

经纪人："王小姐，您有套××小区的房子要出售，是吗？"

业　主："是啊，怎么了？"

经纪人："是这样的，我手头上有两个客户想要购买××小区的房子，您看什么时候方便，我带客户去看房？"

业　主："不用了，我想独家委托给××房产。"

经纪人："哦，是吗？××房产也是家大中介，挺有实力的。王小姐，您为什么独家委托给他们呢?"

业　主："我有一个朋友在那里啊。"

经纪人："那也是，这种事情交给朋友办的确会比较放心。王小姐，您说您着急用钱，想将房子尽快卖出去?"

业　主："是呀。"

经纪人："那您可知道怎么样才能将房子尽快卖出去，并且卖个好价格? 那就是要多找些客户，客户越多，房子卖得就越快，您说是吧?"

业　主："是啊，没错。"

经纪人："嗯，那您就应该多找几家中介挂盘啊。这样客户就多了，就容易卖出去了。"

业　主："说得倒也是。可是我担心中介多会很麻烦，会经常被打扰。"

经纪人："您放心，不否认有些中介不太顾及客户的感受，而我们是市十佳中介，在这个片区已经扎根好几年了，还从未发生过客户投诉事件呢，附近好多业主都是通过我们买的房子。"

业　主："那好吧，你们也帮忙多找些客户。"

经纪人："好的，王小姐，您放心，我们一定会将您这套房子作为主推房源的。您的房子户型结构好，装修又不错，只要价格合适，一定很好卖的。那我们办一下手续，登记一下您的信息……"

点评：不管业主选择多家挂盘还是独家委托，其最终目的都是为了尽快将房产出手变现。房地产经纪人要稳稳地抓住这一点，用诚恳的态度向客户阐明几家中介同时挂盘的好处。这个时候一定要注意，不能因为急于获取业主的委托而肆意诋毁独家委托这一方式，也不能对业主的中介朋友有任何偏激的言辞，否则，只会让客户心生不满甚至怀疑你的人品。

情景3：业主要多找几家中介，不愿独家委托

 **错误应对**

1. "如果您独家委托我们销售，我们可以在"××日报"及房产专业网站上为您免费刊登广告，您看怎么样?"

点评：这样的条件很多中介公司都能为业主提供，这种阐述过于直白，很难吸引业主的兴趣。相反，客户会认为多报几家中介，广告宣传更广，会卖得更快。

2. "如果您在我们这里签独家委托，我们可以免费帮您搞卫生。"

点评：这种回答根本没有切中独家委托的优势和业主所关注的重点。

3. "我们公司的网点多、覆盖范围广，您签下独家委托，我们会帮您大力推广，肯定能卖个好价钱。"

点评：和第一种情况一样，这些服务是绝大多数中介都能够提供的，业主反而会认为多报几家中介的话宣传网点更多，房子卖得更快。

4. "您找多家中介，肯定会经常被电话骚扰。您独家委托我们销售，就可以省去这些麻烦。"

点评：用避免骚扰这个好处吸引业主是个好办法，但是还不足以让其决定独家委托。房地产经纪人还应该阐明独家委托能够给客户带来的其他特殊利益和好处，才可能说动客户。

情景解析

　　房地产经纪人接受业主委托通常分为一般委托和独家委托两种。所谓"独家委托"，是指一种建立在委托人与受托人之间的限制性的契约关系，在契约中委托人指定

受托人为其独一无二的代理人。

简单地说，独家委托就是业主只委托一家中介出售或出租自己的房屋，在委托期限内，委托方不得将其委托的房源自行或委托第三方出售或出租，否则将承担违约责任，并支付违约金。一般委托是指委托方可将其房源自行或委托第三方出售或出租，业主及接受委托的中介公司都有权力出售或出租该房源。

独家委托并不只是对中介有利，对业主也是有诸多好处的：可以避免出现某些中介机构员工利用当事人留存在中介的房屋权属证书和身份证件恶意办理转移登记、侵吞房款的情况；公司会加大推广力度，在多种渠道上打广告，进行有针对性的宣传，成交的概率会相对提高；还有一点，选择了独家委托，客户就不会受到多家中介的电话骚扰，不会因此而影响了自己的正常工作和生活。

以上这些利益，转化为中介公司许诺给客户的好处主要是免费做广告、搞卫生、专人负责、重点推介等。但这只是独家委托的优点所在，并没有和客户的利益结合起来，很难吸引客户。因此，要想争取独家委托，应该告诉客户它能给客户带来什么利益，比如能卖高一点的价格、能尽快卖掉房子、不会被其他中介骚扰、更加安全有保障等。在许诺时，可以用提问式话术来与业主沟通，先通过提问让业主说出自己希望获得的利益，再仔细阐述如何通过独家委托为其争取到这些利益。这样，业主就能较为真切地感受到独家委托带来的好处，签约便水到渠成。

这里需要注意，在业主同意将房源独家委托给你时，一定要让客户签订"独家委托书"，以便对双方的权利和义务都有个约束。

✅ 正确应对示范

经纪人："陈先生，您工作这么忙，一定不愿意经常被骚扰吧?"（故意提出客户不愿意碰到的问题）

业　主："那当然。除非客户确实有意向，否则不要动不动给我打电话，烦都烦死了。"

经纪人："我明白了，陈先生，我们一定会尽量少打电话给您，我们公司非常尊重客户，不会随便给客户打电话的。不过，别的中介就不好说了，有些中介一天会打好几个电话给业主，甚至一家公司都会有不同的业务员分别打电话。我有好多客户都向我抱怨这个问题。"

业　主："这些中介也实在讨厌，我就不喜欢找这样的中介。"

经纪人："陈先生，您将这套房子独家委托给我们，我们由专人负责来卖这套房子，这样您就可以避免被过多打扰了。而且，对于独家委托的房源，我们会投入更多的精力，一周最少打五次广告，这样卖得就会更快。"（用避免被打扰、卖得更快等好处说服客户）

业　主："那好吧。"

点评：独家委托有很多优势，但是统统罗列出来反倒有失重心。优秀的房地产经纪人善于通过观察客户的言谈举止来判断其真正的关注点，并用问答的方式向客户阐述独家委托的某个好处而不是全部的优势。

情景4：业主对中介不放心，不愿意留下钥匙

❌ 错误应对

1. 遭到业主拒绝后，不作任何解释，放弃索要钥匙。

点评：这是消极应对的表现，作为一名房地产经纪人，即使遭到拒绝，也应该积极主动地化解客户的疑虑，而不是一走了之。

2. 以威胁的口吻告诉客户如果不留下钥匙，房子会比较难卖出去。

点评： 威胁的口吻只会让交谈的气氛变得紧张，会增加业主的反感和疑虑，使其更不放心把钥匙留在中介公司。

3. 经常打电话给客户，希望对方能留下钥匙。

点评： 很多业主不愿意把房子交给中介卖的一个主要原因就是不希望被中介过多骚扰，如果房地产经纪人因为钥匙的事情三番五次地打电话给他，那么业主不仅不会留下钥匙，反而有可能会取消代理。

情景解析

有些业主在放盘的时候会主动留下钥匙，但是有些业主不放心中介公司，不愿意把钥匙留下。对中介公司而言，有钥匙的好处主要有以下几点。

一是带客户看房比较方便，尤其当业主不住在房源附近的时候，如果没有房源钥匙，很难安排合适的看房时间，会失去很多销售的机会。

二是可以随时制造多人看房的场景，即邀约几个客户在同一时间看房，增加客户的紧迫感，提高成交速度。

三是当客户感兴趣时可以立即带看，避免让客户进入同行门店，以降低销售难度。

基于以上几点原因，房地产经纪人要尽量要求业主留下钥匙。如果业主拒绝，可以向业主阐明以下两点。

第一，根据以往销售情况来看，通常有钥匙的房子会更快售出，因为看房比较方便，不会浪费客户太多等候的时间。

第二，如果业主不是住在房源附近，每次客户要看房，都得让业主大老远跑过来一趟，而且业主并不是每次都有时间，很难安排预约看房，这样不仅麻烦，还会白白失去很多销售的机会。

若是业主仍旧不想留下钥匙，房地产经纪人也可以用其他额外的利益来吸引客户，比如定期帮忙搞卫生、在网站或报纸上加大广告力度等。

在获取房源钥匙后，最好提醒业主不要在其他中介公司留太多钥匙，以免影响房子的安全。同时，向业主表示如果其他公司要借钥匙，可以到自己的公司来借用。顺便向客户表示，本公司的经纪人在带客户看房之前，都会登记借出的时间、哪位房地产经纪人借用以及归还的时间等，这样有利于管理，对房屋的安全也有所保障。

✅ 正确应对示范

经纪人："大姐，请问您这房子是空房吗？"

业　主："是啊，怎么啦？"

经纪人："是这样的，大姐，既然是空房，我建议您留一把钥匙在我们这边，这样可以方便我们带客户看房。"

业　主："那怎么可以，我家的钥匙怎么能随便给你们呢？"

经纪人："大姐，您的担心我能理解，很多业主听到要放钥匙在我们这时都有点担心，不过后来在听了我们的解释之后都同意将钥匙留在我们这边了。您看，我们的钥匙箱里面就有几十把钥匙。其中有好几套都是刚装修的，还带全套家电家具呢。"

业　主："那不行，我还是不放心。"

经纪人："大姐，我们是正规公司，在本市有十几家门店呢。我们不会破坏业主的房子，更不会拿业主家的任何东西。否则，就不会有那么多业主愿意将钥匙放在我们这里了。"

业　主："你们拿钥匙干吗？有客户要看房你给我打电话就可以了。我一般都在家，我家就住在××小区。"

经纪人："我想，大姐您肯定也想将房子尽快卖出去吧？"

业　主："那当然了，我们还等着用钱呢。"

经纪人："这就是了。虽然说您平时都有空，但是您也知道，要想让房子尽快卖出去，就要多带客户看房。客户那么多，而且并不像上班那样按固定的时间来看房，有时晚上八九点还有人看房呢。如果每次客户要看房您都要亲自跑一趟，那就太累了。如果您没空，客户没看不到房子肯定是不敢买的。您小区192号601那套，由于业主经常不在家，看房非常不方便，一个多月了还没卖出去。如果您把钥匙放在我们这里，有客户需要我们就可以随时带客户去看房，那样就方便多了，也不用动不动就打扰您。等有客户有意向时我们再打电话通知您，到时您只要过来签一下合同就行了。看的客户多了，房子也就卖得快了。"

业　主："说得也是。那你们可得给我好好保管钥匙，房子更要照看好。"

经纪人："大姐，您放心，钥匙都由专人保管，每次看房拿钥匙都要签字的。而且，您也知道，空房子没人住很容易脏的，有了钥匙，我们就会定期帮您打扫，这样房子干净了就更卖得上价了。"

业　主："那好吧。"

点评：把自家的钥匙留给外人，一般人都会有所顾虑。房地产经纪人应该用类比等方法将留下钥匙的好处——向客户阐明。遇到客户特别留意的环节时，还可以借助公司的管理规定来打消客户的疑虑。

情景5：业主放盘时报价太高

✖ 错误应对

1. 业主报多少就多少，那是他的权力。

点评：没错，房子要卖多少钱是业主决定的，房地产经纪人无权干涉。但是，如果业主报价太高或者超出市场价太多，房子就不好卖了。作为该房产的经纪人，你有义务为业主当好参谋。

2. "您报价这么高，房子肯定不好卖的。"

点评：这种回答太过直白，会让业主听了心生不快，甚至会使业主误认为你不愿意卖他这套房子，从而导致其另找其他中介。

3. 劝业主报个低价，以更快卖出房子。

点评：业主来报盘时，通常对当前的行情价有个大概的了解，经纪人劝其报低价，会导致业主担心经纪人吃差价。即使业主真的在你的劝告下报了一个低价，卖出房子后如果发现卖亏了很多，肯定会对你及你的公司没好感，觉得你欺骗了他。

 情景解析

买的人总是想买便宜的，卖的人当然想卖得越贵越好。有些业主在放盘时，总是会报出一个远远高于市场价的价格来。因此，指导业主报价是非常有必要的，那样可以提高房源的竞争力。

一般来说，二手房的价格主要受同片区同类房产成交价格的影响，也就是说每个片区都有个行情价或者市场价。当然，楼层、朝向、户型结构、面积以及装修情况都会影响到价格。总体来说，高楼层的比低楼层的价格高，朝南的比朝北的价格高，朝东的比朝西的价格高，紧凑户型比大户型价格高（如80平方米左右的小两居、110平方米左右的小三居通常较为畅销，价格也略高。）

在指导业主报价时，房地产经纪人应向业主说明该区域的大体成交价格（最好能举出几个例子），并对业主所提供房源的各项优劣势（如户型、楼层、装修等）进行分析，以让业主清楚了解自己房子的情况，从而接受一个较为合理的报价建议。如果业主不接受你的调价建议，那你就不要勉强，因为业主有决定价格的权力，房地产经纪人是无权要求业主一定得报什么样的价格的。

✅ 正确应对示范

经纪人："大姐，您这套房子报价多少呢？"

业　主："500 万元。"

经纪人："总价 500 万元，那就是单价 50000 多元了。"

业　主："差不多。"

经纪人："大姐，我个人认为这个价格可能有点偏高，缺少市场竞争力。"

业　主："怎么会呢？你们中介怎么这么喜欢压价啊。"

经纪人："大姐，您别急，我能理解您的想法，我们也希望您房子的价格能卖高一点，这样我们的佣金也可以多收一些，您说是吧？不过，您也知道，现在的房价都很透明，不是由您或我能决定的，而是由市场决定的。目前，这个小区的房子成交价多在 50000 元/平方米以内，前几天 B 栋 603 的那套刚卖掉，成交价 48000 元/平方米；而上个月和您同一栋的 505 的成交价只有 46000 元/平方米。"

业　主："那不一样，我这套房子的装修要比他们的好太多了。"

经纪人："是的，您这套房子的装修确实不错。但一套房子能卖多少钱，除了装修外，还和楼层、朝向、户型结构等都有关系。您这套房是二楼，楼层不占优势。"

业　主："那你觉得多少钱合适？"

经纪人："大姐，您看这样可以吗？我们先按每平方米 49000 元报价。如果客户确实有意向了，我们再来谈具体的价格。"

业　主："那也可以。"

点评：业主自然希望自己的房子能卖个高价，所以很反感经纪人一上来就说自己报价太高。但是，经纪人有义务指导业主提出合适的报价，否则，报价过高，房子长时间无人问津，也会招致业主的不满或埋怨。经纪人对业主进行指导时一定要讲究方式方法，切忌威逼利诱。经纪人可以引述周围已售或在售房产的报价，帮客户拟定一个大概的报价范围，再通过对不同房产优劣势的对比，说服业主调整价格。

情景6：业主不愿意签署卖房委托书

 错误应对

1. "您签了委托书，我们才会把客户带过去看房。"

点评： 房地产经纪人以这种威胁的口吻同业主交谈，不仅对问题的解决起不到丝毫的作用，反而会让客户对你产生反感，甚至扬长而去。

2. "签署委托书是为了防止您私下和买家进行交易。"

点评： 这样的回答相当于明确地告诉业主："这份委托书就是约束你的。"这样明里地对业主表示不信任，只会让业主感觉很不舒服，从而中断与你的谈判。

3. "签个委托书对您来说并没有损失，为什么不签呢？"

点评： 这种反问只会让业主误认为你觉得他无理取闹、不配合，从而使其对中介更加不信任，从而中断合作。

4. "其实不签也可以。"

点评： 这种看似随意的做法实际上更容易增加业主对你的不信任，而且还容易让业主觉得你办事没有原则，即使事实委托成立，经纪人在今后双方交往中的主动权也丧失殆尽。这种为了多收房源便随意答应业主要求的做法，不仅使得业主的利益没有保障，经纪人自己的利益也会受到损害，是最不明智的选择。

情景解析

在要求业主签订委托书的时候，业主常常会用"委托书不用签，你带有诚意的客户过来再说吧"或者"你有客户就带过来，不用签什么委托"之类的语言来搪塞。业主拒绝签委托书，一种情况是为了跳过中介直接和有购买意向的客户签约，省下一笔中介费；另一种情况就是不愿意承担责任，怕因此而受到约束。

事实上，业主不愿意签委托书，受影响最大的是房地产经纪人。因为地产代理条例规定，没有业主的书面委托，房地产经纪人就不能刊登房源广告，目的是杜绝经纪人刊登假信息招揽客户。因此，遭到业主的拒绝之后不能轻易放弃，而要先向客户解释一下签订委托书的意义，让客户明白它是公司用来规范房地产经纪人的服务的，同时还可以最大限度地保障业主的利益；其次，要向客户阐述委托书对于销售的作用，例如，只要签了委托书就能立即带客户看房、没有业主委托书不能发布广告等；最后，再次强调签委托书对业主而言并无坏处，增强业主的信心。

正确应对示范1

经纪人："张先生，签订委托书其实更多的是保护您的利益，它是公司用来规范我们经纪人的服务的。它的作用有点像您在商场购物后销售人员给您开的发票，万一商品有什么问题您可以凭发票退换，或者接受免费的售后服务等。"（解释签订委托书的意义）

业　主："没关系，我相信你，你有客户就直接带过来好了。"

经纪人："是这样的，为了保障广大消费者的权益，法律规定没有业主的委托书我们中介是不能刊登、发布房源广告的。这样一来，您的房子没有推广渠道，就很少有客户能看到，卖得慢不说，价钱也没办法提高。您不希望这样吧？"（表明委托书的作用）

业　主："哦，是这样啊。"

经纪人："是的，张先生。而且只有您签了委托书，我们才能带客户过去看房。现在客户的法律意识非常强，如果没有书面的文件，客户会认为我们在欺骗他。毕竟买房不是买件衣服，所有的条件都需要逐一书面落实的，这同时也是为了保障您的利益。"（对委托书的作用进行补充）

业　主："行，那就签吧。"

点评：很多业主不愿意签委托书，多是由于其对委托书的作用、约束力等不够了解，怕承担不必要的责任、受到不必要的约束。经纪人要以一种婉转的、业主可以接受的语气向其阐述签订委托书的意义，并且一定要强调，签委托书是对双方尤其是业主权益的最好保护。这样，业主心头的疑虑才会逐渐消除。

正确应对示范2

经纪人："张小姐，您好！我是××房产的经纪人，我从××网站上看到您登出的售房广告，不知您那套房子卖出去了吗？"

业　主："还没有。"

经纪人："我们公司现在有个客户着急要买类似于您那套三居室的房子，您能来我们公司一趟签委托书吗？这样我们就能带客户去看房了。"（说明原因，让业主前来签订委托书）

业　主："不用签啊，你直接把他带过来看房不就好了。"

经纪人："是这样的，张小姐，签订委托书其实更多的是保护您的利益，它是公司用来规范我们经纪人的服务的。它的作用有点像您在商场购物时销售人员给您开的发票，将来买卖过程中万一有什么问题您可以凭这份委托书来维护您自己的利益，所以说签这个委托书对您来说绝对有利无害。"（向客户解释委托书的作用）

业　主："这样啊……"（有些动摇）

经纪人："您不签委托书的话，按规定我们是不能带客户看房的。买房不是买衣服，客户看过书面文件之后才相信我们有这个房源，才会愿意前去看房的。"（说明委托书对于销售的作用）

业　主："哦，那好吧。"

点评：房地产经纪人在二手房买卖过程中的主要作用就是消除买卖双方的各种疑虑、促进交易顺利进行。委托书对于一般人而言可能比较陌生，经纪人可以用类比的方法，借助日常生活中经常接触到的"发票"进行解释，这样业主的诸多疑虑就会消失。最后再辅以"没有委托书就无法带客户看房"的规定，引导业主作出签订委托书的决定。

情景7：客户说有朋友做中介，想通过朋友买房

错误应对

1. "朋友介绍的房源并不一定就适合您，我这里有很多优质房源，说不定就有适合您的。"

点评：这样回答虽然没有错，但容易让客户产生一种你在贬低他朋友所介绍房源的感觉。客户如果比较敏感，会认为你为了抢生意而挑拨离间，故意诋毁竞争对手来抬高自己，从而对你产生反感。

2. "多一个人帮您找房子可以多一些选择，这样不是更好吗？"

点评：这个意思客户自然也明白，但单凭这点理由还不足以说服客户，毕竟"朋友"的面子不能不给。最好阐述一些你能为其提供的具体利益，以及他能获得的

具体好处。

3. "找朋友买房子价格更不好谈。"

点评： 这样的应答会让客户对价格的谈判空间有一个错误认识，即便客户真的转向你，一旦进入价格谈判的阶段，客户便会无休止地议价，你则处于非常被动的局面。

4. "别以为熟人好办事，很多人就是找熟人买房最后闹得很不愉快，没买到房子不说，连朋友都做不成了。"

点评： 这是说服客户的一个不错的理由，但是一定要注意表述的时机。最好在认同客户的想法、拉近与客户的距离之后，站在一个旁观者的角度来告诉客户这种情况发生的可能性，这样客户就比较容易接受。

 情景解析

人们一向认为熟人好办事，上学、找工作甚至包括生孩子都要找熟人，更别提买房子这么一件大事了。当有朋友从事中介行业时，买房的时候第一选择肯定是找朋友帮忙。然而，很多时候找朋友帮忙并非明智之举，因为出于对朋友的信任，在交易的时候就会少了很多警惕心理，在缴纳房款和产权交接这些重要问题上没有严格把关。有些甚至还没有办完交房手续就在朋友的催促下缴清了房款，最后丢了朋友又赔钱，还闹得满肚子不痛快。

当客户表示要找朋友买房时，首先要站在他的角度思考问题，对他的想法表示理解，拉近彼此间的距离；其次，客观地向客户分析找朋友买房的弊端，如不好意思跟朋友议价、不好意思让朋友一直同业主谈价、会过分相信朋友而忽视了一些细节问题等，必要的时候可以引用一些例子，表示不少客户都经历过此类事情，以增加可信度；最后，再表示多委托一家中介对其而言并没有任何损失，反而能获得更多利益，有更多的优质房源供其选择，这样才能买到一套物美价廉的房子。

✓ **正确应对示范1**

经纪人："王小姐，我完全明白您的想法，熟人好办事嘛。但是不知道您想过没有，买房是一笔很大的交易，其中牵涉到很多手续和金钱问题，有时候您并不太方便和朋友争论或者提过多的要求。比如朋友告诉您这已经是最低价了，您却在另一家房产中介发现同样的房子开价就便宜一万元，这样一来，您不仅丢了朋友还会心里不舒服。"

客　户：（沉默）

经纪人："其实，如今大家买房都是委托给好几家中介公司，这样一来，不但可以有更多的房源可选，价格也有得比较。您委托我们代理和委托朋友买房之间并不冲突，现在都讲究公平竞争嘛。如果您在我们这儿买到合适的房子，相信您朋友也会替您高兴的。"

客　户："你说得也对，有时候朋友间确实不方便谈价格什么的。那好吧，你也帮我找找房子……"

点评：*一句"我完全明白您的想法，熟人好办事嘛"，就拉近了经纪人与客户之间的关系。在此基础上，还要向客户阐明"朋友之间最好少些经济上的纠葛"的道理。当客户表现出动摇时，再向其说明委托多家中介买房的好处，这样就更容易说服客户。*

情景8：客户担心通过中介买二手房不安全

❌ **错误应对**

1. 向客户保证自己所在公司非常诚信和正规。

点评：*当客户对二手房中介已经抱有成见时，这种简单的解释和保证只会让客户认为你是在"王婆卖瓜自卖自夸"，难以消除客户的疑虑。*

2. 告诉客户这只是误传，是大家的偏见而已。

点评： 二手房中介市场还不够成熟和规范，大家对二手房中介的偏见不是空穴来风，而是有一定事实依据的。这种试图掩盖的做法只会让客户认为你不够坦诚，难以对你产生信任，更不可能委托你买房。

3. 以"事实胜于雄辩"的说法来劝客户尝试合作一次。

点评： 我们买葡萄的时候经常会问店家葡萄甜不甜，店家总会说："包甜，不信你尝尝。"但是买房子不同于买葡萄，没有办法先尝后买，在没有消除客户的疑虑之前，你是不可能说动客户委托你买房的。

 情景解析

房地产中介机构近年来发展极为迅速，然而由于我国法律对房地产中介提供服务的内容、流程、收费标准等都没有明确的界定和规范，房地产经纪人入职门槛低、从业人员良莠不齐，致使该行业竞争无序、丑闻频现，以至于社会上很多人对中介行业普遍持有负面看法。这种印象有时就阻碍了客户通过中介购买二手房，即使在委托中介卖房的时候也是疑虑颇多。那么，该如何消除这种偏见呢？

俗话说，"王婆卖瓜自卖自夸"，房地产经纪人一味地向客户保证自己的公司有多正规、声誉有多好是行不通的。此时，最好用真实、具体的例证来说服客户：利用人们的从众心理，以其他客户的经历作为例子，让客户知道有同样想法的人最后还是选择了委托中介买房，让他们相信选择中介是一个明智的选择。应注意的是，所引用的例子必须是真人真事，有书面的证据更加可靠、更加能让客户信服。在向客户讲述的时候，先用"我理解您的想法/顾虑"来拉近与客户之间的距离，然后用"一开始，很多人也和您一样，认为二手房交易过程中猫腻很多，不是很放心……"举和客户相关的例子，最后用"但是他们最终还是选择了委托中介买房……"来打消客户的疑虑。

✔ 正确应对示范1

客　户："听说中介市场猫腻很多，我还是再考虑一下吧，暂时就不麻烦你们了。"

经纪人："王先生，我理解您的顾虑。您刚才进门时看到的那位穿灰色西装的先生，他今天是来签合同的。最初他的想法和您一样，也是担心二手房买卖猫腻多，没有选择中介机构，而是自己与卖主直接接触。在与卖主沟通的过程中，为了保险，他调查了卖主夫妻的单位情况，还要求卖主复印家庭户口簿，弄得对方很不高兴，结果没成交，还因为这事差点耽误了孩子的婚期。最后，经朋友介绍，他找到我们公司，一个月内就把房子定下来了。他一直感慨，当初就应该把这些事交给中介做，自己花些手续费但省了很多事。"（举一个眼前的真实例子来打消客户的疑虑）

客　户："我也知道会省事，不过，听说价格……"（客户说到价格后声音变小，意思是价格方面的猫腻很多）

经纪人："这个您就更可以放心了。房子的价格是由业主定的，我们中介只是一座桥梁，为买卖双方牵桥搭线、提供服务。作为中介，我们要兼顾双方利益，不会只顾及某一方利益的。而且，到时候签合同，是业主、您以及我们中介三方一起签的，您和业主可以面对面接触，这里面还能有什么猫腻呢？"

客　户："是这样啊……"

经纪人："您要是没有其他疑虑，我们现在就签委托书吧？"

点评：客户的疑虑还是源于对中介公司的不信任，所以，优秀的经纪人应该利用一切可以利用的资源来为客户答疑解惑。本案例中的经纪人就巧妙地运用了例证法，通过第三人的态度转变的实例，向客户婉转地道明了委托中介购买二手房的优势。当客户表示中介费用可能有猫腻时，经纪人则应该将中介公司办事的大概流程告诉客户，让客户对各个环节都有一个比较清楚的了解，之后说服客户也就是水到渠成的事情了。

✔ 正确应对示范2

客　户："我听朋友说二手房交易猫腻很多，我想我还是去看看商品房吧。当然，我不是说你们公司不好，只是你也知道，报纸上一直都有报道，提醒大家要谨慎对待。"

经纪人："张小姐，我明白您的意思。有很多客户一开始也和您一样，觉得二手房交易猫腻很多，委托中介买房挺不放心的。可是经过比较之后，他们就发现市场上二手房成交的份额并不低于商品房。关于买房纠纷，商品房更是比二手房多。因为二手房都是现房，房子有什么问题都能看得清清楚楚；而商品房就不同，大多是期房，就算全部付完款，通常也要等个一年半载的才能看到房子什么样。这期间，工程质量、工期之类的问题都是无法预测的。所以，在看了几个新楼盘之后，大部分客户还是决定买二手房。

客　户：（还是显得有些担心）

经纪人："不瞒您说，中介市场刚开始那几年是有些混乱，但是近年来国家一直都在不断制定相应的法律条款来保证购房者的利益，中介行业的运作越来越透明、越来越规范。而且，我们是全国大型的房地产经纪机构，不会为了一两套房子就砸了自己的牌子，在服务质量上是绝对有保证的。您看，这个月光我们门店就成交了二十几套房子。"

客　户："那好吧，就相信你们一回。"

点评：俗话说"嫌货才是买货人"，客人对二手房交易心存芥蒂，说明他其实已经有过这方面的考虑，只是可能了解的不够深入或者比较片面。这个时候，房地产经纪人应该帮客户分析二手房相对于一手房的优势所在，当觉察出客户心理的波动时，再抓住时机，用公司的声誉、规章，甚至法律方面的保障来挽住客户即将离去的脚步。

情景9：客户嫌中介费太高，不想通过中介买房

 错误应对

1. "中介费是可以商量的。"

点评：在没有进入成交谈判之前就讲这样的话是非常危险的，客户会敏感地捕捉到这样的信息：中介费里的水分真的不小，看来讲价的空间还是很大的。房地产经纪人会使自己过早地陷入到与客户讨价还价的被动局面。

2. "3%的中介费已经不高了，如果您自己买房，花费的钱可能比这个还多。"

点评：仅凭这样一个简单的百分数是无法说服客户的。客户付中介费给你，就是在消费，作为房地产经纪人，你有义务让客户知晓他花的这个钱是值得的，甚至超值的。

3. "很多小公司为了揽客会降低中介费，但是房源和服务方面都没有保证。"

点评：贬低别人的做法永远也抬高不了自己，反倒使自己更难赢得客户的好感，也不具有说服力。

4. "您没有购买经验，自己买房很容易被骗，这比支付中介费更不划算。"

点评：客户是上帝，经纪人无论在什么样的情况下都应该顾全"上帝"的面子。"没有经验"、"容易被骗"等说的也是实情，但是都很容易伤害到客户的自尊心。所以，请经纪人一定注意：你不给客户面子，客户就不会给你票子。

情景解析

在与客户签订购房委托书之前，常常会有客户对中介费表示异议："你们的中介费太高了。"当客户以中介费太高为由拒绝委托时，严格上来说不算是一种拒绝，而是一

种积极的信号，说明他已经接受了除这个因素之外的其他方面。

面对这样一个问题，首先要运用同理心，肯定对方的感受，充分理解客户的想法，拉近彼此间的距离；然后巧妙地将客户关注的中介费问题引导到其他同样重要的因素上来，比如说优质的房源、专业的保障、高质量的售后服务等，让客户觉得花这个钱是值得的。

有些客户并不是单纯地因为中介费太高而拒绝你，而是其他中介开出的佣金较低，客户希望以此来压低价格。如果客户透露出这样的意图，就要询问客户与哪家中介公司比较后才觉得你们公司价格高，然后向客户说明二手房中介服务的收费标准是由政府相关部门制定的，有些公司虽然在中介费方面给了客户一些优惠，但他们的服务质量不一定有保证。

为了让客户点头同意，向客户灌输"物有所值"这个观念的同时，还可举一些反面例子来增强说服力，比如有些客户为了省一点中介费而找了不正规的中介，结果在交易过程中出现了诸多问题，比如手续方面有纰漏、中介与业主恶意串通欺骗客户等。请记住，一定不能在看房之前就主动降价，否则会使自己过早地陷入价格谈判的僵局，让自己处于被动地位。

✔ 正确应对示范1

客　户："中介费太高了，我还是自己找房子吧。"

经纪人："王小姐，我理解您的想法，3%的中介费确实不低。但您要知道，通过中介买房，可以获取更多的房源信息，不但能够更快买到房子，而且还可以在多套房源中买到更适合自己的。如果不通过中介而是自己去找房子，由于信息量有限，不一定能买到合适的，并且什么时候能买到也是个问题。另外，您可能不知道，二手房交易是一项非常烦琐和复杂的流程，需要办理很多的手续，如房屋估价、办理贷款、签订合同、产权过户等，如果对此不熟悉，很可能产生许多不必要的麻烦，并且自己找房、办手续也要花费不少的时间、金钱和精力。"（认同客户的感受，再向客户讲述中介的价值）

客　户："我一个亲戚买过房子，我可以让他帮我。"

经纪人："王小姐，您说得没错，如果有懂行的人帮忙是再好不过了，但是亲戚总不能每天跟着您东奔西跑看房子吧？中介就不同了，我们对这个区域非常熟悉，掌握的房源也更加丰富，能够根据您的要求提供匹配的房源，而且能根据您的时间安排看房，节省了您的时间和精力。如果您自己找的话，恐怕几个月甚至大半年都很难找到合适的房子。"（结合客户的情况，阐述委托中介买房的好处）

客　户："你说得也对。"

经纪人："如果您没其他问题的话，我们现在就把委托书签了吧？"（趁着客户动摇的时候要求签协议书）

客　户："好！"

点评：中介费过高只是阻碍客户及时作出决定的一个因素。作为房地产经纪人，一定要牢牢把握住这一点，适时、准确地向客户作阐述通过中介买房的优势，并且要让客户清楚地知晓，花了这份中介费，他得到的将是在最短时间内、花费最少的精力就能找到最适合自己的房子。

✓ 正确应对示范2

客　户："3%？中介费那么贵，我还不如自己找房子。"

经纪人："王小姐，我理解您的感受，一些客户刚开始也和您一样。但是经过我们解释之后，他们发现这个钱是值得花的，最后也都委托我们买房了。"

客　户："那你帮我分析分析。"

经纪人："买房找房地产经纪人就和买保险找保险经纪人的道理是一样的，因为我们对市场行情和房价更为了解。二手房交易是个复杂的流程，不熟悉的人操作起来十分麻烦，我们不仅能提供一系列的咨询服务，还能提供包括估价、办理贷款、产权过户、签订合同等一条龙服务，让您省下更多的时间和精力，还能够避免您多花冤枉钱。"

客　户："听说××房产才收2%的中介费呢。"

经纪人："您说得没错，有些中介公司的中介费确实较低。您去过他们门店吗，是否清楚他们的实力？"（先别着急进行反驳，引导客户说出对手的更多信息）

客　户："去过，他们的门店不大。"

经纪人："是这样的，有些中介公司为了招揽客源，的确在中介费方面给了客户很大优惠。其实我也知道，您在乎的不是这点钱，而是希望钱花得有价值，能找到一套合心意的房子，您说是吧？我们是北京十大中介机构之一，门店分布范围广、房源丰富、服务质量有保障。我的一位客户就跟我说过，他之前找的那家中介公司，虽然中介费很便宜，但是房源太少，一个多月了也没带看几套房源，而且对交易手续的办理不够专业，他担心出问题，所以后来找到了我们，很快就买到了自己称心的房子。"（谈论竞争对手的时候要客观，不能有刻意诋毁的嫌疑）

客　户："听你这么一说，好像有点道理。"

经纪人："如果您没有其他问题的话，我们现在就签委托协议吧？"

客　户："好的。"

点评：如果客户就不同中介公司的中介费进行对比，那说明他是有备而来的。但是，房地产经纪人万万不能被客户所吓到，而要通过合理的提问让客户讲出他对别家中介公司的看法，在这个基础上再有重点的对两家中介公司进行对比，让客户意识到，选择你们才是最经济实惠的。

情景 10：客户不愿意签署买房委托书

 错误应对

1. 告诉客户，公司规定不签委托书就不能带去看房。

点评： 这种应对态度太过强硬，容易让客户心生反感。遭到客户的拒绝后，应先让客户认为你是为他着想的，等客户稍微动摇之后，再把公司规定提出来，表明这是公司要求的，这样客户也就不会过分为难你了。

2. 抱着侥幸心理，认为不签字也无所谓，相信只要自己看得紧，客户就不会跳单。

点评： 房地产经纪人面对的客户千人千面，客户会不会跳单并不是一眼就能看出来的。如果客户拒绝了签委托书的要求，千万不能心存侥幸。这个时候，经纪人要做的不是顺从，而是说服。

3. 随机应变，等客户看房之后再要求客户签委托书。万一客户真的不签，也就算了。

点评： 这个做法相对于上一种做法而言稍微好一点，但是如果客户看房之后仍旧不肯签，自己的利益还是没有保障。

情景解析

同业主不肯签署卖房委托书一样，客户不愿签署买房委托书，受影响最大的还是房地产经纪人。因为客户不签字，他和业主私下交易的可能性就会增加，跳单的几率也就会提高，而且又没有证据来追究客户的责任，这对房地产经纪人自己以及公司的利益都是一个损害。现实中，的确存在小部分客户不愿意签委托书，这部分客户中的确有人就是别有用心，为日后跳单或逃单做准备。因此，为了自己及公司的利益，在看房前一定要让客户签署委托书。

遇到客户不愿意签署委托书时，房地产经纪人应该向客户解释委托书的作用以及所能为他带来的保障：首先告诉客户委托书其实是规范房地产经纪人的服务的，委托书上会注明客户自己能接受的条件和要求，所有条款逐一书面落实，以后万一有什么问题，可以凭委托书来解决。当客户对此表示认可的时候，房地产经纪人则可以顺势提出签委托书是公司要求的，再把不签字的后果及责任揽到自己身上，表示自己会因为不遵守规范而受到惩罚。这样，如果客户还是不愿意签字，就成了不替房地产经纪人着想，这样会让客户感觉良心不安，那么签字也就顺理成章了。

✓ 正确应对示范1

经纪人："陈先生，既然您没有其他疑问了，那么请在委托书上面签个字。"

客　户："什么委托书？"

经纪人："这是一份委托我们公司代理买房的协议书，上面会注明您能接受的条件和要求，以及应该履行的义务。"

客　户："这个就不用签了吧，我的要求你已经很清楚了，你帮我找到合适的房子，我肯定会找你买啊，也不会少了你中介费。"

经纪人："是这样的，委托书规范的是我们房地产经纪人的服务，它的作用就像您在商店购物后销售人员给您开的发票一样，万一有什么问题您可以凭发票更换或者接受免费的售后服务。它保障的其实是您的利益，毕竟买房是件大事，有书面文件保证才会有理有据。"（向客户解释委托书对他的好处）

客　户："哦，那我不签也不会有什么问题啊。"

经纪人："您有所不知，签订委托书是公司严格规定必须执行的，要是我们没有让客户签订委托书，公司肯定会认为我不专业、做事不规范。签订委托书一方面对您有好处，另一方面又帮了我的忙，一举两得，您看怎么样？"（用公司规定来要求客户，让客户没办法再推托）

客　户："那好吧。"

点评：客户是上帝，只有最大程度地满足了客户的要求，他才愿意把购置房产的事情委托给你。所以，经纪人的任何一句话、一个请求，都应该让客户觉得你是在为他的利益着想。这样一来，经纪人跟客户的心理距离拉近了，沟通也才会顺畅，委托交易也才可能得以实现。

✅ 正确应对示范2

经纪人："陈先生，既然您没有其他疑问了，那么请在委托书上面签个字。"

客　户："这个没必要签吧，有合适的房子我肯定会找你买啊。"

经纪人："是这样的，房子和普通商品不同，所有的条件都要以书面形式体现出来，这样我为您找房源的时候才会有依据。而且现在业主都非常谨慎，如果没有书面的文件，业主会觉得是我在还价而不是您在还价，还会觉得我在偏向您，那么价格上就更不好谈了。"（向客户解释签委托书的必要性）

客　户："你带我去看房的时候，我可以跟业主说。"

经纪人："陈先生，并不是我不愿意这么做，而是接受客户委托之前要签委托书是我们公司规定的。要是您没有签委托书我们就带您去看房，那么公司肯定会追究我的责任，认为我做事不规范、不够专业。"（用公司规定来要求客户，让客户没办法再推托）

客　户：（沉默）

经纪人："既然您决定委托我代理买房的事，肯定是相信我和我的公司，签了委托书您的利益就能得到更好的保证，我一定尽力帮您找到最合适的房源。"（再次强调签

委托书对其有利无害）

客　户："好吧。"

点评：房地产经纪人与客户看起来是对立的，因为一个要往外掏钱。一个要想办法让你往外掏钱。但是，换个角度来考虑的话，两者又是统一的，因为两者的共同目的都是为了能找到各个方面都合适的房子。所以，优秀的经纪人要让客户明白你和他是休戚与共的。这个时候，适当地示弱也不失为一个好的办法，客户也不忍心太难为一条"战壕"里的"战友"。

喜迎巧迎八方来客

第二章

情景 11：接听业务电话时，不知如何才能赢得客户好感

错误应对

1. 电话铃声一响就马上接听，或者铃声响了很久才接听。

点评： 电话一响就接听常常会引起通信系统失误而无法通话，即便能够顺利接通，也容易使对方误认为你太在意这通电话或者业务太清闲；电话响起三四次以上还未接听，则会令客户觉得没有得到应有的尊重或者并不被你重视。

2. 接听时没有注意电话礼仪，语气、用词等太过随意。

点评： 太过随意地接听业务电话会使对方觉得你不够稳重，进而不放心把自己购买或售卖房产的事情委托给你。

3. 一边走路一边气喘吁吁地接听客户电话。

点评： 边走路边打电话，会使自己的气息受到严重的影响，客户虽然跟你有空间的距离，但你呼味带喘的说话声非常容易令客户觉得不够专业和礼貌。

 情景解析

电话是房地产经纪人开展业务的一项重要工具。很多时候，电话一响就意味着有生意上门了。一个有良好工作状态的优秀经纪人，每时每刻都是处于积极主动的状态，他/她总是会在电话铃响起之时，尽快集中自己的精力，暂时放下手头正在做的事情，以便大脑能够清晰地处理电话带来的信息或商务。

然而，接电话看似容易，实则是一门艺术，很多房地产经纪人就因为不懂得如何正确接听业务电话，而失去了许多机会。

那么，房地产经纪人该注意哪些接听电话的基本礼仪呢？

1. 及时接听

接电话的时机选择其实是一种心理战术。最完美、最专业的接听时机，就是在电话铃响到第三声时。

过快或过慢接听电话都是不合适的。接听电话过快，会认客户觉得你太闲了或太在意生意了，或者客户自己可能都还没准备好该向你咨询些什么问题；接听电话过慢，会让客户觉得你不尊重他，或者说缺乏诚心，甚至因为等待得太久而不耐烦，从而失去与你合作的兴趣。

由于业务繁忙，很多房地产经纪人都有两部电话（包括固定电话和手机）。如果由于某些原因导致未能及时接听电话，就要对客户表示歉意，请求对方谅解。

2. 问好并自报家门

有些房地产经纪人往往会拿起电话张口就问："喂，找谁？干嘛？"这是很不礼貌的，客户很有可能会就此挂断电话。即使没有挂断电话，他也会因为你的不良态度而对你产生不好的印象。

正确的做法应该是主动问好并自报家门："您好，××房产，请问有什么需要帮忙的？"自报家门一是礼貌，二来可以增加客户的亲切感，还能向客户表达"自己就代表公司"的强烈意识。这也是体现出一家企业是否规范、一个经纪人是否专业的细节所在。

3. 文明礼貌，维护形象

与客户面对面接触时，很多房地产经纪人都懂得维护自己的形象，以留给客户一个好的印象。但对于电话接待，一些房地产经纪人就会不太重视，认为电话只能听到声音，所以没必要太注重形象。事实上，虽然客户看不到你的人，但却可以通过你的语音、语调等判断出你是否在认真聆听他的咨询，是否在热情地为他服务。

（1）使用文明用语

如果你在日常生活中偶尔会有不文明的言行举止，那么，当你走上房地产经纪人的岗位时，就要改掉这些不良的习惯。因为，你的客户是"挑剔"的，毕竟，每个花了钱的人都希望能得到最好的服务，难道你自己不也是如此吗？想想看，当你去购物时，是不是也会为对方的不文明、服务不周到而感到恼火，甚至发誓一辈子再也不去那家店购物了？

因此，在接听客户电话时，房地产经纪人一定要礼貌有加，注意电话的规范用语，多使用文明用语，如"请"、"您好"、"谢谢"、"很抱歉，让您久等了"等。

（2）注意仔细聆听

在客户说话时，房地产经纪人应仔细聆听，不要随意打断对方的讲话。为了表示自己正在专心聆听并已理解对方的话，应不时地给予对方反馈。

如果在接电话时，有同事或者现场的客户向你搭话，可做手势让他们稍等，挂断电话后再与其交谈，绝对不允许在接听客户电话的时候与其他人搭话；如万不得已，应向对方说明后用手捂住电话，以免引起误会。

如果对方语音太小，你可以直接说："对不起，请您声音大一点好吗？我听不太清楚您的讲话。"绝不能大声喊："喂喂，大声点！"

（3）保持声音愉悦

接听电话时，必须声调柔和、语音亲切、吐字清晰、语速适中、话语简洁。不管你此时此刻的心情多么差，你也不能让客户听出你有丝毫不高兴。相反，你还应该向电话另一端的"上帝"传递你的喜悦之情。因为，客户找你是寻求帮助和服务的，而不是为了听你诉苦，更不是为了让你发泄。实在觉得自己无法高兴起来，最好的方式就是请假，或者请其他同事帮忙先接听这位客户的电话。

除了声音要愉悦，面部表情也要"晴朗"，要时刻带着微笑。是的，对方看不到你的表情，但即使再会"伪装"的人，也不可能完全做到"表情愤怒、声音愉悦"。再者，人是有感应的，你的声音很容易就把你的态度给"出卖"了。

（4）及时回拨道歉

如果在接听电话的过程中电话突然中断，无论什么原因，房地产经纪人都要以最快的速度将电话拨通，并向客户道歉："对不起，刚才可能是线路问题导致电话中断，咱们接着谈，可以吗？"要注意不要因为短暂的电话中断而影响客户的情绪，此时向客户说声"对不起"是很有必要的。

（5）确保姿态端正

当你大清早给朋友打电话时，如果朋友尚未起床，只是躺在床上接听电话，你是不是总能一下子就听出来？这是因为接电话的姿势会影响到声音。如果你打电话的时候姿势不够端正，客户所听到的声音就是懒散的、无精打采的；反之，如果你的姿势是端正的，那么所发出来的声音必定会是亲切悦耳的、充满活力的。

因此，在接听客户电话时，房地产经纪人应始终保持正确的姿势，就当成客户是站在你的面前和你说话。

正确应对示范

（电话铃响到第三声）

经纪人："您好，××房产！"

（对方声音太小时）

经纪人："对不起，请您声音大一点好吗？我听不太清楚您的讲话。"

（电话突然中断回拨时）

经纪人："对不起，刚才可能是线路问题导致电话中断，咱们接着谈，可以吗？"

点评：不管是什么原因造成的电话中断，经纪人都要及时回拨，否则，会让客户感受不到应有的尊重，从而对你、对你们公司都失去信任。

情景12：接听业务电话时，客户不愿意告知电话号码

 错误应对

1. 客户不想说就算了。

点评： 拿到了客户的电话号码才能方便接下来的联系、约谈，电话号码是打开交易之门的一把钥匙。无法获取客户电话号码，基本上就等于放弃了这个客户，除非客户对你所推介的房源非常有兴趣，主动来门店找你。

2. 对客户说公司规定需要留下个人信息，让客户留下电话号码。

点评： 一听这话，客户脑海里就会蹦出"霸王条款"几个字，就更不愿意留下电话号码了。

3. 告诉客户如果留下电话号码，有合适房源的时候才好通知他。

点评： 这种应对可能会让一部分客户留下电话号码，但也很容易让客户误认为你手中的房源不够多。

情景解析

要想取得销售的成功，最好的方式是引导客户，而不是被客户引导。因此，接听销售电话时，你应由被动接听转为主动介绍、主动询问。

在与客户交谈的过程中，最好能够取得你所想要的信息，以便于市场分析和客户追踪之用。这些信息主要包括客户姓名、联系方式等个人背景信息以及客户能够接受的价格、面积、格局等对产品具体要求的信息。其中，客户的姓名和联系方式是最为重要的。只要你多得了一个客户的资料，你就多了一次成功的机会。

得知对方姓名的方法很简单，但要用正确的语言去表达。当你报上自己的姓名后，你要稍作停顿，给客户自报家门的机会。但你不用停顿太久，客户想说的话会很快说出来的；不想说的话，你就用柔和而有亲和力的语调去说："请问您贵姓？"或"请问怎么称呼您？"如果客户真的对你的房源有兴趣，他会很快告诉你他的姓名的。

让客户留下电话号码的几个小方法

（1）以方便及时反馈最新信息为由请求客户留下电话。

"您是否方便留下个电话号码？业主确定价格后，我会第一时间通知您的！"

"您先留个电话，如果有适合您的房子，我第一时间通知您！"

（2）以现在忙为由，让客户留下电话，待会儿给他打过去（适用于那些暂时不方便前来看房，又急需了解情况的客户）。

"对不起，现在我这里有客户要接待，方便的话，您可以留下电话，五分钟后我打给您！"

（3）假装听不清，或故意告诉对方说某个问题自己不清楚，要查询或询问经理、业主，请客户留下电话以方便再联系。

"对不起，这方面我不是很清楚，我需要询问一下我们经理。请您留下电话号码，问清楚后我会告诉您的。"

"对不起，今天我们这边人太多了，我听不清楚。方便的话，您可以留下电话，等会儿我打给您！"

（4）若对方不留电话，应尽量邀请他到公司面谈，可能的话，留下自己的联系方式。

"那好的，您最好能来我们这边一趟，我给您看看更详细的资料。"

"要不这样吧，我留个电话给您，如果您有什么需要，可以随时给我打电话。"

正确应对示范

经纪人："您好，××房产！"

客　户："你好，请问你们是不是有套××小区的房子要卖？"

经纪人："是的，先生，请问您贵姓？我姓陈，您就叫我小陈好了。"

客　户："我姓张。那套房子的情况你能详细给我介绍一下吗？"

经纪人："可以的，张先生。只是我现在刚好有个客户在这边谈事情，方便的话，您可以留下电话，五分钟后我打给您，给您详细介绍一下。请问您的电话号码是？"

客　户："139……"

点评：电话号码属于个人私密信息，房地产经纪人向客户索要电话号码时一定要注意技巧，不能引发客户的不满或者不安情绪。比如说，可以像本案例中那样，以现在正忙为由，让客户留下电话号码，稍后给他打过去；也可以以信号不是很好为由，让客户留下电话号码，以便回拨；还可以查询需要时间为由，让客户留下电话号码，待查明后再回拨。

情景 13：客户打电话来询问房源情况，不知如何回答

错误应对

1. 客户问什么答什么。

点评：这样的应对缺乏主动性，只是任客户予取予求，当他们获得了自己需要的信息之后，极有可能就此结束交谈并挂断电话，而你却一直被牵着鼻子走，没有获得任何有价值的信息。

2. 把房源所有情况都详细向客户说明。

点评：你手头的房源可能并不止这一套，但是可能因为你介绍得太过详细，使得顾客对这套房源有了全面地了解后发现并不适合自己，从而使约出来面谈以及推介其他房源的机会都化为泡影。

3. 没有及时邀约客户前来公司进一步面谈。

点评：房地产经纪人的工作不是电话销售，而是通过认真接听每一位客户的电话，最终引发客户的兴趣，令客户觉得有当面洽谈的必要，吸引其前来公司洽谈。

 情景解析

　　客户打电话通常是为了初步了解一下情况，比如有关房源的详细信息、房屋委托的情况等。这个时候，客户是主动方，而房地产经纪人就较为被动。只有通过巧妙应答客户的问题，才能变被动为主动，使得客户愿意主动提供自己的信息给你。

　　如果是需要购买房产的客户来电，作为房地产经纪人就应该首先获取客户的姓名、地址、联系方式等个人背景信息，其次还要通过简要的问答获取客户所能够接受的户型、价格、面积、地段等对房源具体要求的信息。

　　如果客户是看了你所刊登的房源广告而打来的电话，通常表示他对这套房源已经有了初步意向，想通过电话了解一些具体情况。此时，房地产经纪人应给予针对性的答复，尽量吸引客户前来洽谈或实地看房，而不能一问三不知或敷衍了事。

　　在刊登房源信息的时候，房地产经纪人自己就应对房源有所了解，知道房源的优势或者卖点所在，并事先设想好客户可能会咨询的问题，针对这些问题准备好答案。只有这样，你才能在接听客户咨询电话的时候做到"胸有成竹"。

　　通常情况下，客户在电话中会问及地段、价格、户型等方面的问题。在回答客户的咨询时，房地产经纪人应在尊重事实的基础上，充分运用一些技巧，将房源的卖点

巧妙地融入回答中，以吸引客户前来洽谈或者实地看房。

比如，如果房源所处的地段不是很优越，而你只是简单地告诉客户具体在哪个区、哪条路，客户通常第一反应就是"太远了"、"太偏了"；但如果你能带有补充性地告诉客户"距离市政府只有20分种车程"、"虽然距离远点，但交通还是挺方便的，58路、201路、302路、76路等十几条公交线路都经过这里"，客户对该地段的认识就会更为深刻。此外，对于一些较为偏远的地区，你还可以拿"高教区"、"升值潜力"等隐含的优势条件去淡化客户对于"地段偏"的看法。即使该地段确实是乏善可陈，你也可以通过解释该房源的其他优势来转移客户对段的关注。

回答价格问题时也是如此，房地产经纪人可以运用一些简单而有效的心理战术，减少客户对于价格的抗拒心理。比如，对于单价高的小户型，尽量报总价而不报单价；对于单价低的大户型，则应报单价而不报总价。

如果客户尚无意向房源，只是来电话咨询是否有其所需要的房源，房地产经纪人应通过巧妙的探寻，了解客户的个人资料和购买需求。

在电话中回答客户问题的要领

◇ 不要总是回答客户的问题、被客户牵着鼻子走，要学会引导客户。最佳的方法就是当客户提出问题时，不要急于回答，而要婉转地发问，然后等其回答完你所提出的问题后再回答他的问题，但要把握分寸，不要咄咄逼人。

◇ 不要过分夸大和过分赞扬自己的房源，介绍时要不温不火。

◇ 不要在电话中将房源的所有情况都介绍给客户，应适当保留一点，这样才能吸引他到现场来。

◇ 在接听电话时，可适当埋下伏笔（如不回答某些问题，说去询问经理或业主后再给他回应），这样日后就有借口再打电话给他。

◇ 回答客户问题时要深入浅出，把专业性的东西转化为通俗易懂的话，不能为了显摆自己的专业而说一些客户不懂的专业术语。一切回答都是为了让客户明白，并给其留下深刻印象。

◇ 回答客户的问题切忌长篇大论，也不要含糊不清。尽量揣摩客户想要了解什么，再简明扼要地进行解释说明。

◇ 如果客户对房源的一些条件不满意，不要轻易放弃，而应通过补充性说明来引起客户兴趣。比如客户觉得地段太偏僻，你可以利用"交通便利"、"高教区"、"升值潜力大"隐含的优势条件去吸引客户的关注。

◇ 在电话中尽量不要回答客户有关价格的问题，在非答不可的情况下，应尽量减少客户对于价格的抗拒心理。比如对单价高的小户型，尽量报总价而不报单价；对于总价高的大户型，则应报单价而不报总价。

✔ 正确应对示范1

（客户看了房源广告后来电咨询房源情况）

经纪人："您好，××房产，请问有什么可以帮您？"

客　户："您好，我看到广告说你们在××小区有一套三室的房源。"

经纪人："是的，我姓陈，您就叫我小陈好了，请问先生贵姓？"

客　户："免贵姓张，请问具体位置在哪里啊？"

经纪人："就在市政府边上，距离市政府500米左右。"

客　户："哦，房子怎么样？"

经纪人："房子坐北朝南，今年刚装修的，小区环境也不错。如果您有兴趣，我带您去看看吧。"

客　户："好的。"

点评： *房地产经纪人不同于电话销售，接听客户电话的主要目的是获取客户的相关信息，引发其兴趣及关注，适时地约客户面谈或实地看房。*

正确应对示范2

（客户尚无意向房源）

经纪人："您好，××房产，请问有什么可以帮您？"

客　户："您好，请问你们那里有××小学附近的房源吗？"

经纪人："有的。我姓李，您叫我小李就好了，请问先生贵姓？"

客　户："免贵姓王。"

经纪人："王先生，您好，请问您是想买还是想租呢？"

客　户："我想买。"

经纪人："请问您想买几室几厅、多大面积？"

客　户："两室就可以了，面积90平方米左右吧。"

经纪人："哦，那您对楼层和装修有什么具体要求吗？"

客　户："最好是中间楼层吧，装修倒不重要，关键看房子格局好不好。"

经纪人："好的，王先生，我帮您查询一下，等会给您电话。请问您的电话是？"

客　户："159×××××××"

经纪人："好的，我记下了，五分钟后给您电话，再见！"

点评：客户来电时，房地产经纪人一定要变被动接听为主动问询及引导，只有这样才能最大程度地了解客户的真实需求，为下一步的约谈做好准备。

情景 14：业主打电话来报房源/询问情况，不知如何回答

 错误应对

1. "您给我具体介绍一下房子情况，我登记一下。"

点评：这种应答太过冷淡。业主打电话来登记房源，等于是给房地产经纪人一个挣钱的机会，如果得不到应有的礼遇，业主一定不愿意将房子委托给你。

2. "哎呀，您的报价太高了，真的很不好卖。"

点评：话说得太直截了当，容易让业主误以为你根本不把他这单生意放在心上。

3. "我们已经带了很多客户去看过房子，但是您那房子条件确实一般，除非价格再低点，否则很难卖。"

点评：如此直白的表述，会让客户认为你是在借机杀价。你觉得难卖，客户说不定就会转而委托其他中介。

情景解析

很多房地产经纪人都说"好房源是交易成功的一半"，这话一点儿也不假。面对理性的购房者，房源各方面的硬件条件和业主的挂价心态决定了最后是否能够成交。因此，如何锁定更多的优质房源就成为了房地产经纪人必修的功课。

要获取更多优质的房源，房地产经纪人应积极主动、热情周到地为业主提供服务。如果对业主爱答不理，业主是不会愿意把房子交给你的。要知道，业主将房源委托给你卖，等于是给你一个挣钱的机会。

卖方客户来电，不外乎两种情况：一是委托中介帮忙出售或出租房源；二是询问委托的具体情况，或者想了解买方客户的反应。

当业主报房源时，房地产经纪人应详细登记房源的各项情况（包括小区名称、房源门牌号、户型、格局、建筑面积、所在楼层、装修、朝向、入住时间等），并约好实地看房的时间。

当业主询问委托情况时，房地产经纪人应向业主反馈相关的看房信息和买方客户的看法或者意见，并向客户承诺自己一定会尽力帮助其推介房源。

正确应对示范1

（业主报房源）

经纪人："您好，××房产，请问有什么可以帮您？"

业　主："我有一套房子要卖。"

经纪人："请稍等，我帮您登记一下。我姓陈，您就叫我小陈好了，请问先生贵姓？"

业　主："免贵姓李。"

经纪人："李先生，请问您的房子在哪里？"

业　主：（详细说明房源情况）

经纪人："谢谢您的支持和信任。您看什么时候方便，我们去看一下房子？"

点评：业主报备房源时，经纪人一定要让其明白自己对该房源的重视。登记房源信息时，一定要认真仔细，同时，及时约好实地看房的时间，这也会让业主体会到你的专业和用心。

✔ 正确应对示范2

（业主询问委托情况）

经纪人： "您好，××房产，请问有什么可以帮您？"

业　主： "是小陈吧？我是×××，请问我委托你们出售的房子现在什么情况？"

经纪人： "张先生，您好！您出差回来了？我给您查一下看过您房子的客户记录单吧。是这样的，上周我们总共带了五批客户看过您的房子，他们的普遍意见是价格太高，这点我也和您太太反映过。"

业　主： "这个价格还高啊？人家××小区都卖到5万元了。"

经纪人： "是的。但是，地段不同，价格肯定也是不同的。您周边的××小区不也才卖4万元吗？"

业　主： "那您觉得多少钱比较合适？"

经纪人： "我当然也想帮您把房子卖个好价钱了，这样我们的佣金也可以多拿一点，您说对吗？但是，价格应该符合市场行情，否则客户就会觉得不划算，您觉得呢？"

业　主： "那好吧，我们商量一下，然后给你回复。"

经纪人： "好的，我也会努力帮您推介这套房子。"

点评： 业主询问委托情况时，经纪人一定要善于运用小道具，比如本案例中的"客户记录单"，因为即使你对该业主房产的看房情况了然于心，你的这次查询也更容易让业主体会到你工作的规范，从而对你的反馈更加信任。经纪人对于业主而言，有时起着参谋者的作用，不过，提出自己的意见或建议时，一定要注意方法，最好要有可以类比的实例，不能让业主误认为你是在故意杀价。

情景15：不知如何在电话中邀约客户前来面谈

 错误应对

1. "有什么需要了解的，到我们店里详谈吧！"

点评：这样的邀请显得比较唐突。客户之所以会打电话，就是想先了解了解情况，有兴趣了才会来和你面谈。

2. "电话里也说不清楚，您来我们店里，我再给您介绍吧。"

点评：面对面的沟通确实比电话沟通更方便，但是，如果客户一问情况房地产经纪人就如此回答的话，客户心里肯定会犯嘀咕：为什么电话里什么都不肯讲，难道有猫腻不成？

3. "这样吧，您看什么时候有空到我们店里来，我再详细给您介绍一下。"

点评："什么时候有空了"是一个不确定的时间，既然客户在电话里没有得到什么自己想要的信息，那么他也会敷衍你："那行吧，有空我就去。"至于找不找你，那就另当别论了。

情景解析

房地产经纪人应该要明白，在电话中是不可能把单子签下来的，接听电话的主要目的是吸引客户前来洽谈或者实地看房。在回答完客户问题并得到想要的信息之后，应该邀请客户前来洽谈，如果客户有意向的房源，就直接约到实地看房。只有争取到面谈的机会，接听电话这一环节才算成功。

1. 何时邀约

在约请客户时，你必须清楚地告知客户你的详细地址，最好能说出具体的交通路线，让客户容易找到位置。如果必要的话，也可以与客户约定具体时间，并且告诉他你将专程等候。

（1）客户有意向房源

当你回答了客户关于意向房源的 3～5 个问题后，假如客户还有其他问题想要了解，这时要留点悬念，真诚地邀请客户前来详谈："王小姐，房子好不好还是要到现场看了之后才知道，您看什么时候方便，我带您去现场看看?"

（2）客户尚未有意向房源

当你替客户找到几套符合要求的房源时，很多客户会着急地想了解房源的具体情况，此时，可以"犹抱琵琶半遮面"，透露一些较有吸引力的信息，以邀请客户前来详谈："王小姐，很多细节问题电话里说不清楚，您可以抽空到我们公司坐坐，我再向您详细解说，好吗?"

2. 如何邀约

与客户约定看房时间时，尽量不要用开放式提问，而要用封闭式提问，这样才能把主动权握在自己手里。

开放式：

"陈先生，您看什么时候到我们这儿来谈谈?"

"看看吧，有空我就去。"

封闭式：

"陈先生，您是今天过来还是明天过来?"

"明天吧。"

"好的，我会专程等候您的。"

3. 注意事项

在挂电话之前，你要尽可能报出自己的姓名，有可能的话也可以给客户留下自己的手机号码，告诉客户如果有问题可以随时咨询，并再次表达希望客户前来洽谈的愿望："要不这样吧，我留个电话给您，如果您有什么需要，可以随时给我电话。"

需要注意的一点是，要等对方先放下电话，自己再轻轻放下电话，绝对不可以先挂断电话，更不可以重重地扣上电话机。

正确应对示范1

（客户有意向房源）

经纪人："您好！"

客　户："小张吗？我在报纸上看到你们那里有一套××花园二期的两居，是吗？"

经纪人："是的。请问您贵姓？"

客　户："我姓陈。"

经纪人："陈先生，您好！这套房子格局非常不错，房间和客厅都很大，还带两个阳台。"

客　户："哦。住这个小区能就读××小学吗？"

经纪人："可以的，陈先生。您小孩现在几岁？"

客　户："6岁，下半年就准备上一年级了。"

经纪人："嗯，陈先生，那这套房子真的很适合您。您也知道，现在的家长都想让孩子上个好学校，所以这片区的房子非常抢手。"

客　户："哦，价格能不能再便宜点呢？"

经纪人："陈先生，在这片区，这套房子的价格已经算是比较实惠了。我想，您还是先看看房子，关键是您要喜欢，您说是吧？您看是上午方便还是下午方便呢？"

客　户："下午三点吧。"

经纪人："好的。陈先生，那我下午三点准时在公司等您。我们公司就在××南路761号，也就是××小学的正对面。这是我的电话号码，您过来时可以给我先打个电话。"

客　户："好的。"

点评：房地产经纪人对客户的需求要有敏锐的嗅觉，只有明确判断出客户的关注点，才能在这些方面制造悬念，吸引客户前来面谈和实地看房。与客户预约见面时，一定要用选择性的问询方式，约定具体的时间。

正确应对示范2

（客户没有意向房源）

经纪人："您好，××房产小王为您服务！"

客　户："请问你们那边有××花园两居的房源吗？"

经纪人："有的。先生，请问您贵姓？"

客　户："我姓陈。"

经纪人："陈先生，您好！请问您对房子有什么具体要求吗？"

客　户："面积不要太大，90平方米左右就可以了。"

经纪人："那楼层呢？"

客　户："底层和顶层不要。"

经纪人："好的，陈先生。您看这样好吗，我现在就帮您查询一下，看看哪套最适合您。那您什么时候看房方便呢？"

客　户："下午三点后吧。"

经纪人："好的。陈先生，那我先帮您查找一下房源，然后再给您电话。请问您的电话号码是？"

客　户："就打我这个手机吧。"

经纪人："好的。陈先生，那我过半个小时给您打电话，可以吧？"

客　户："可以。"

点评：了解客户的购房需求之后，提议查询房源后再联系，是一种非常好的应对尚无意向房源客户的办法，这样一来，客户会感觉到你对他这单生意非常重视，而你也会很顺利地得到客户的联系方式，并为以后的实地带看和面谈打好了基础。

情景 16：客户到店里只是看了一下，什么都不说就要离开

错误应对

1. "请慢走，欢迎下次再来。"

点评：这是种消极不作为的处理态度，客户都送上门了，你都轻易地将他放走。

2. "您这就要走了？不用我再给您介绍介绍吗？"

点评：空洞、直白，对客户而言完全没有吸引力，也无法得知客户离开的真正原因。

3. 小声嘀咕、抱怨。

点评：一旦客户听到这些带有不满情绪的话，不仅会对你产生负面评价，还会对你公司的规范性产生怀疑。

情景解析

客户的购买需求有时候是被引导出来的，作为房地产经纪人，当有客户光临时，便是你发挥作用的时机到了。只要有机会，房地产经纪人都应该想方设法地挽留客户，

哪怕只是让客户多停留几分钟。事实也证明，客户在公司停留的时间越长，产生交易的可能性就越高。

客户之所以离开，大多有两种情况：一是因为并没有找到自己感兴趣的房产信息；二是纯粹就是来四处逛逛，了解一下房市行情。不论是哪种情况，倘若房地产经纪人能够及时主动地挽留下客户，诚恳地询问客户的真正需求，或许就能够给客户一个留下的理由。只要你对客户有充分的真诚和尊重，相信客户也不会拒人于千里之外。利用这争取来的时间，你就有可能判定出顾客的真正需求是什么，从而制订出下一步的服务计划。

正确应对示范1

经纪人："这位先生，您是不是没有看到合适的房子？是这样的，我们有一些房源还没来得及登出来，您不妨把您的要求告诉我，我可以先帮您查一下，这样既可以节省您宝贵的时间，也更容易找到您满意的房子。您先里边请，我们坐着聊。"

点评： 客户多留一分钟，你就多了一分钟的时间去定位客户的需求，去匹配、推介自己手中的房源，也才能够向委托交易迈进坚实的一步。

正确应对示范2

经纪人："小姐，不好意思，可以占用您一些时间吗？您刚刚关注的那几套房子都很不错啊，不知是什么地方让您不满意呢？"

点评： 客户什么都没说就离去的原因可能有很多，消极地任由其离开，只会真正流失了这个客户，而如果能诚恳地挽留客户匆匆离去的脚步，则有可能把一个有意见的客户变成一个可以给你建议的朋友。

正确应对示范3

经纪人："先生，今天天气热，您进里边来喝杯茶休息一下吧。我见您刚才看了盘源架上的几套优质盘，需要我为您详细介绍介绍吗？或者您有什么不了解的也可以直接问我。"

点评：千人千面，房地产经纪人所要面对的客户也是各有性格。在面对可能不善言辞的客户时，经纪人不能选择与其一同沉默，而是要选择适当的时机，以客户可以接受的方式向其推介房源。

情景17：客户带了很多人一同前来，无法周全接待

错误应对

1. 只专注接待目标客户一人，让随行人自便。

点评：接待客户的过程中，当你是一对多时，你一定要清楚地意识到有很多双眼睛都在盯着你，无论你怠慢了谁，都会让这个客户群体对你产生不良的印象。

2. 尽力招呼每一个人，却没办法好好与客户深入交谈。

点评：经纪人一对多时，一定要在重点照顾目标客户的同时，尽力招呼其他随行人，但切不可疲于应付，否则只会让客户对你的办事能力产生怀疑。

 **情景解析**

虽然你的目标客户只有一位，但无论其他同行人中哪位被冷落，都会或多或少地引起他们的不满。即使他们对此次购买不具备决定权，也有可能影响到客户的购买意愿，并会给房地产经纪人的工作带来一定干扰。而且，这些人中有可能存在一些潜在

的客户，房地产经纪人当前的表现，很有可能影响他们今后在房产交易时是否选择该家房产中介。

能够做到周全照顾固然好，但前提是必须权衡轻重，保证能够正常地为目标客户服务，毕竟，他才是你当前的工作重心。对于其他同行人，只能尽量做到不要冷落任何一人，必要时可请同事帮忙接待。

正确应对示范

经纪人："各位先这边稍坐，我们公司为大家准备了一些小茶点，大家可以品尝一下。这边还有我们公司的宣传资料和一些房地产相关的杂志，您如果感兴趣可以翻阅一下。"

（然后单独与客户开始交谈，期间可以时不时地招呼下其他人，留心注意周围人的情况，及时为他们添加茶水，询问是否需要其他服务等。如果公司内还有其他闲暇的同事在场，也可请其他同事代为招待随行人员，为他们看茶倒水，与他们寒暄几句。）

点评：客户随行人的言语甚至感受，都会对客户本人产生不可小觑的影响。所以，在锁定了目标客户之后，一定要周全接待其他随行人。随行人对你的印象、评价好了，也会让目标客户为你加分，你跟客户的沟通才会更加顺畅。

情景18：客户对房地产经纪人的推介反应很冷淡

错误应对

1. 按自己一贯的工作模式开始介绍。

点评：客户才是"上帝"，经纪人一定要让自己的推介方式适应客户的风格与喜好，否则，不仅提不起客户的兴趣，反而会让客户觉得你对他不够重视，更无法让客户驻留。

2. 按自己喜好的方式与客户交流。

点评: 每个人的习惯与想法都不同,或许你认为开门见山、直奔主题可以节省彼此的时间与精力,提高效率,但客户可能希望你的描述越详细越好。这些都要根据对客户的观察来进行判断,并据此对自己的推介方式作出调整。

3. 自己说个不停,根本不注意客户的反应,单向沟通,缺乏互动。

点评: 自说自话是房地产经纪人的大忌。经纪人推介的受众是客户,如果你跟客户没有任何互动的话,就无法及时了解客户的想法、整理客户的反馈信息,那么这样的沟通只能是浪费时间,只会让客户感到乏味和倦怠。

 情景解析

与任何一位客户接触时,房地产经纪人都应该用心去观察客户的一言一行,注意每一个细节。在客户进门的瞬间,房地产经纪人就应该对其进行细致入微的观察,争取在沟通之前就大概掌握客户的特点和动机,从而能够在向其推介房源的时候做到有的放矢,节省时间和精力,并且提高成交的概率。

与客户沟通的过程中,会不断地得到各种反馈信息,房地产经纪人需要及时整理归纳并想出应对方式。客户不会把所有的想法都明明白白说出来,作为一名合格的房地产经纪人,应该善于通过客户的表情变化、肢体语言等捕捉到他们内在的真实心理。只有加深对客户的了解,进一步细化客户的需求,才能成功地抓住客户的心。

正确应对示范1

经纪人: "王先生,刚才介绍的这些房源您感觉怎样?"

客 户: "还好,就是感觉都不怎么适合我。"

经纪人: "您觉得哪些条件不符合?还有没有其他的要求?我都您重新筛选一些房

源看看。"

点评：经纪人一定要及时地回收客户的反馈意见，不管他对你推介的房源是否满意，恰当的提问总会帮助你对客户的需求作出更为准确的定位。

✓ 正确应对示范2

经纪人："刘小姐，您对房子还有其他的要求吗？或者，对我们的服务有什么意见呢？"

客　户："还好，没有什么。"

经纪人："没关系的，有什么意见您请说，我们一定尽力去改善。"

客　户："就是觉得你之前介绍的时候速度太快，好多内容都没明白过来，其中还有不少从来没听过的字眼，根本来不及理解、消化。"

经纪人："实在抱歉，这是我的失误，今后我一定注意。"

点评：经纪人面对的客户性格各异，对于不善言辞的客户，经纪人一定要用诚恳的态度，请求客户说出不满意的原因，只有知晓了原因所在，才能对自己的推介方式或者内容等进行有针对性的调整。

情景19：客户滔滔不绝，却对买房事项只字不提

✖ 错误应对

1. 直接打断客户的话，生硬地转入买房的话题。

点评：这种生硬切换话题的做法十分不当，很容易伤害到客户的自尊心，同时更会降低客户继续交谈的热情。

2. 逐渐表现出不厌其烦的样子，心不在焉或左顾右盼，或者干脆开始和其他人聊天。

点评： 这种做法与第一种相似，同样是不尊重客户的表现，且容易伤害对方的自尊，也有可能激怒对方，使其拂袖离去。

3. 任由客户自己侃侃而谈，直到客户说完再开始说正题。

点评： 任由客户说下去，虽然能够满足客户的表达欲望，却浪费了大量的时间，对整个推介无益，更坏的结果是让客户对你的能力产生怀疑，误认为你没有掌控全局的能力。

 情景解析

喜欢侃侃而谈的客户一般都性格爽朗，喜欢与人打交道，表现欲通常也很强，只要遇到感兴趣的话题或者聊得来的对象，就会海阔天空说个不停，到了最后往往会离题万里。这类客户对买房问题避而不谈，原因可能有两个：一是可能对正在谈论的话题太感兴趣，以至忘了最初的谈话目的；二是故意为之，想凭自己的好口才来掌握谈判的主导权。

对于第一种情况，房地产经纪人应学会把握谈话的节奏，在满足了客户的表达欲望之后，利用客户停顿、休息或喝水的间隙，及时地将交谈内容拉回正题。

对于第二种情况，房地产经纪人首先不能因为客户的口若悬河而自乱阵脚。在判明客户的心理活动之后，房地产经纪人要避免浪费太多时间，要在让对方感到满足、获得尊重的同时，及时地控制时间和谈话内容，重新掌握主动权，再根据情况决定是重回正题还是结束对话。

✓ 正确应对示范1

经纪人： "先生您果真是学识渊博，跟您聊天我也学到不少东西。差点都把正事给忘了，刚才我们谈到……"（切入正题）

点评： 将谈话拉回正题的话语一定要婉转，这样才能让客户将被认同的满足感带到房产交易中去，才能使之后的交流更为顺畅。

正确应对示范2

经纪人： "学问好的人见识果然不一般，同您说上几句真是获益良多。您看，我听得太入迷，都忘了说正事了，您觉得刚才看的那套房子怎么样？"（切入正题）

点评： 同样的内容，用不同的表达方式说出来，其结果会是天壤之别。房地产经纪人一定要学会用令人愉悦的方式来与客户进行交流沟通。

正确应对示范3

经纪人： "您说的事真是太有趣了，我听得都忘了时间，待会公司还有个会议呢，我得开始准备了，希望下一次还能有机会和您聊。"（结束谈话）

点评： 对于以炫耀口才或者纯闲聊为目的的客户，经纪人要学会婉转地喊停。只有这样，才不会浪费过多的时间或者被客户牵着鼻子走。

情景20：客户表示是替朋友来看房的

错误应对

1. 只顾着再三追问买房人的想法和打算，完全忽视客户本身的看法和观点。

点评： 当前客户的意见或者建议将对买房人的购房意向产生举足轻重的影响。如果完全忽视当前客户的想法，很容易引发其不满的情绪，有可能导致其向买房人提供有利于你和你们公司的信息。

2. 一看对方不是真正的买房或卖房者，就失去了介绍的积极性，冷淡对待对方。

点评：这种做法是对客户的怠慢和不尊重，也容易引起客户的不满。既然买房人拜托这位客户前来了解情况，就说明对他非常信任。假如你无法获得这位客户的认同，也就不可能有机会接触到真正的买房人。

 情景解析

对于大部分人来说，房产交易是件人生大事，无论买或卖都需要一个漫长的过程，他们需要去搜集、了解各方面的相关信息，去咨询许多人的意见，例如家人、朋友，尤其是一些对房地产知识稍有了解或者有买卖房产经验的人，其中任何一个人的观点都有可能影响客户的决定。因此，即使来者并非真正的房产买卖者，房地产经纪人也应该以认真的态度对待，做好接待和服务工作。

在接待此类客户时，房地产经纪人应注意自己说话的语气、态度，要让客户感觉到自己是被尊重的、受到关注的；要适时地夸赞客户，好让对方更主动地参与到对话中；要鼓励并推动对方表达出自己观点和意见，引导客户透露一些关于买房者的情况，并从中获取有效信息，如面积、需求、购买预算等。在沟通形势良好或接近尾声时，要记得请客户下次带买房人一同前来，以做进一步的了解。

✓ 正确应对示范1

客　户："我一个老家的朋友想在××片区买一套三居的房子，你们有没有这样的房源？"

经纪人："这么热的天，您还特地帮朋友跑一趟，您俩感情可真不错。请先进来喝杯茶休息下吧，顺便让我给您好好介绍下。"

……

经纪人："您看了这些房子，感觉怎么样呢？"

客　户："不错是不错，就是都稍微小了些，不够宽敞。"

经纪人："哦，那您觉得多大面积适合您朋友呢？"

客　户："他们家三代同堂，需要多一些房间，另外老人家年纪大了，腿脚不方便，楼层最好不要太高了。"

……

客　户："那好吧，我还有事，就先回去了。"

经纪人："好的，那您能不能留下您或您朋友的联系方式呢？一旦我们有适合的房源信息，我可以第一时间通知您。"

客　户："那我留张名片吧。"

点评：买房人委托当前的客户来看房，说明就目前而言，经纪人完全可以把两者看作一个统一体，当前的客户就是买房人的代言人。所以，万不能因为当前客户不是真正的买房人而冷淡对待。交谈的最后一定不要忘记请客户留下他的或者买房人的联系方式，否则，你的这次推介就只会是客户所做的市场调研之一，而你则未获得任何有用的客户信息。

✔ 正确应对示范2

客　户："我一个朋友想在这边买房子，你们这上面所说这套三居是什么情况？"

经纪人："先生，您朋友能委托您帮忙看房，我猜您对房产有一定的了解，说不定还是位专业人士。"

客　户："呵呵，谈不上，我是做房地产策划的，对房产还是有一定的了解。"

经纪人："还真让我猜对了，您的朋友要买房、卖房时应该都会找你帮忙吧。请问您的朋友有什么具体的要求吗？比如朝向、小区配套设施、周边环境……"

客　户："最好是南北朝向，小区最好要有专门的物业管理，我朋友经常要出差，所以对安全比较重视。"

……

客　户："这样吧，这两套房子的业主你都帮我约一下，看他们周末有没有空，我带我朋友来看房。"

经纪人："行，没问题。跟您聊天，我还能学到不少房产方面的知识。您下次陪这位朋友来看房的时候，可要多多指教。这是我的名片，您就叫我小李好了，您或者您朋友有什么要求可以随时给我打电话。"

客　户："好，这是我的名片。"

点评：委托朋友帮忙看房，买房人一定是对这位被委托人有着充分的信任。经纪人对当前客户的适当赞美，则会为你加分不少，也会让你们的交流变得更为顺畅。当前客户的体验好了，他才愿意将他了解到的情况反馈给买房人，你的生意才有了成功的可能。

情景21：之前接待客户的经纪人已经离职

❌ 错误应对

1."不好意思，他临时有事不在店里。"

点评：不管客户的前任经纪人是因何原因离职的，这种欺瞒客户的回答都是不可取的，客户只要打个电话就会知道真相，最后只会让你自己给客户留下个不真诚、不可靠的印象。

2. "小张啊，他上个月私自接单，被公司开除了。"

点评：*这种回答有种落井下石的感觉，倘若客户对该经纪人的印象不错，那么你的这种回答就非常容易引起客户的反感。*

 情景解析

房地产经纪人经手的房产动辄百万，所以，要成为一名优秀的经纪人，必须具备诚实这一美好品德。客户的前任经纪人离职时，房地产经纪人应该对客户如实相告，表明情况，无论该同事是出于何种原因离职，都没有欺瞒客户的必要。客户能够再次找之前的经纪人，说明客户对这位房地产经纪人还是抱有好感并且比较信任的，假如你在这个时候落井下石，或者用词稍有不当，就会给人以背后诋毁之嫌，极有可能招致客户的反感，并对你的品格方面持怀疑态度。为了接近客户，这时你反而有必要适当地对该房地产经纪人的工作表示肯定，以获得客户的同感和共识。

既然客户之前已经来过公司，必然已经对某些房源有一定的了解，目标也相对明确。经纪人应引导性地询问客户，以便重新整理出完整的客户信息，并根据情况有针对性地进行说明，增进自己与客户的沟通了解，迅速拉近与客户的距离，获取客户对自己的信任。与客户沟通的时候，要及时辨明客户的关注点，使自己的推介既不重复冗长又切中要害。送走客户之后，要及时向公司通报情况，表示这位客户已经由自己接手。

✔ 正确应对示范1

经纪人："先生，您好，请问需要帮忙吗？"

客　户："小张在吗？"

经纪人："不好意思，小张前不久刚刚离职了。我是小王，您有什么需要都可以跟我说，很高兴为您服务。"

客　户："哦，这样啊。之前小张带我看过××小区的一套两室一厅的房子，当时是晚上，采光啊什么的都没办法看到，我想现在再去看看。"

经纪人："好的，请稍等，我准备一下就带您过去。"

点评：无论客户点名的是哪位经纪人，只要客户上门了，他就是公司的客户，接待客户的经纪人要及时地引导客户，将其关注点牢牢地锁定在房产本身之上。

✅ 正确应对示范2

经纪人："您好，请问有什么可以帮您？"

客　户："小张在吗？"

经纪人："不好意思，小张上周刚刚离职。我是他的同事小王，有什么需要都可以跟我讲，很高兴能为您服务。"

客　户："他离职了啊，我都没听说。"

经纪人："小张走得比较急，所以没能通知到所有的客户，不过他离开之前交代我们要好好接待他的客户。您放心，我们一定好好为您服务。"

客　户："那好……"

点评：从客户的话语中可以明显地感知到他对前任经纪人的好感，这个时候，适当地对其前任的工作表示认可，就可以在短时间内拉近与客户的关系，方便之后的沟通与交流。

挖掘需求促销售　第三章

情景 22：客户表示想随便看看

错误应对

1. "好的，那您随便看看吧！"

点评：房地产经纪人在客户初次光临的时候扮演的是一个引导者的角色，而上面这种应对方式都是消极应对的表现。让客户自己在门外看盘源，如果没有能够吸引客户的房源信息，估计不出 30 秒，客户就会离开。

2. "那好，您随便看看，我叫小李，有什么需要您可以叫我。"

点评：这其实是一种不错的应答方式，经纪人可以通过对客户短暂的"放任自流"给自己时间来对客户的性格、关注方向作出大致的判断。只是，这种"放任自流"只能是非常短暂的，可能十秒就足够，经纪人作出初步判断后一定要主动接近客户，否则，留给你的就只能是客户离去的背影了。

3. "您好！这是我的名片，有需要的话可以进来了解一下。"

点评：这种沟通太过单刀直入，客户可能会被你吓一跳，而敏感的客户更有可能感觉到压力，对你的戒备心也会在瞬间增强，估计会以一句"我先随便看看"搪塞，然后抽空离开。

4. "外面这么热，干嘛一直站着呀，进来坐坐，我给您详细介绍一下。"

点评：这种做法容易让顾客感觉你就像一只饿狼扑向一只小肥羊，过分的热情会让你显得有些迫不及待，客户与你搭讪几句便会离开。

情景解析

　　当客户站在店门口观看盘源时，房地产经纪人通常会立即来到客户身边，说："先生/小姐，请问有什么可以帮您?"而客户经常会回答："我随便看看。"客户之所以会有这样的表现，一般有两个原因：一是客户只是在闲逛，看到盘源便停下来看看，顺便了解一下目前房地产市场的行情；二是没有看到他想买的房子，不想与房地产经纪人打交道或者是不想过早地与之接触。不论属于哪一种情况，此时客户本能地对房地产经纪人有一种防备心理，任何不恰当的语言都有可能导致客户立刻离开。

　　发现客户在店门口观看盘源，房地产经纪人应立即起身与之打招呼，询问对方有什么需要，这是对客户的尊重。遭到客户的冷淡回应后，房地产经纪人也不要轻易放弃，而应该保持积极的心态，尝试主动和客户沟通。研究表明，如果能让客户在30秒之内对你的话产生兴趣，那么客户的心理防线就已经开始瓦解。所以，房地产经纪人要运用话术让客户在30秒之内提起兴趣，并接受你进店详谈的邀请，从而有机会引导客户说出自己的需求。

　　通常情况下，客户对一些优质盘和低价盘比较感兴趣，所以房地产经纪人可以抛出一些"小便宜"，如业主着急用钱大幅降价、业主打算出国而急于卖房、业主因工作调动而着急卖房等，让客户以为有较大的谈价空间，这样他自然会跟你进店了解情况。

✓ 正确应对示范1

　　经纪人："先生，您好！请问有什么可以帮您?"

　　客　户："我随便看看。"

　　经纪人："有个业主因为工作调动，全家要搬到××市，昨天委托我们卖一套房，不知道您有没有兴趣进来了解一下?"（以工作调动为由，让客户产生乘机压价的想法，

以为有利可图，从而吸引客户对该套房源的兴趣）

点评：房地产经纪人的巧妙推介就像语音版的海报，客户听到了自己感兴趣的关键字后，就可能产生进一步了解的热情，邀请客户进店洽谈才会顺理成章。

 正确应对示范2

经纪人："先生，您好！请问有什么可以帮您？"

客　户："我随便看看。"

经纪人："来得早不如来得巧，我们店里有一套超值的房子，昨天业主才说急需用钱，主动降了3万元。不知道您有没有兴趣进来了解一下？"（直接以大幅降价吸引客户，同时业主急需用钱这一说法让客户认为有便宜可占，便会进店了解情况）

点评：不管客户只是随便看看还是找个借口不愿跟经纪人多谈，经纪人这种有重点的推介都会像可口的蛋糕一样，吸引客户进店详细了解情况。

情景23：客户指着盘源纸问：这套三居是怎样的

✖ 错误应对

1. "这是××小区的，我有钥匙，现在就可以带您去看房。"

点评：这种推介的节奏有点快，客户对这套房子还没有足够的认识，也不确定是否对其感兴趣，这个时候就要求客户看房，客户会觉得没有必要，可能会找理由推托。

2. "这套房子位于××小区，靠近马路，七楼，有电梯。"

点评：经纪人在推介房源时切忌想当然，你觉得靠近马路方便，客户都可能觉得这样会太吵。如此一来，即便房子的其他条件不错，客户也很可能会先入为主，认为

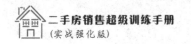
这套房子不好。

3. "这套房子面积是105平方米，总价是85万元。"

点评：经纪人介绍的这些信息，可能房源纸上都已写明，无法成为吸引客户的卖点。站在店外看房源信息的客户，其兴趣如果无法在短时间内被提起来的话，他们很有可能在下一秒就会离开。

 情景解析

当客户询问某套房子怎么样时，说明客户已经注意到了这个房源，想要了解一下房子的相关情况。但这并不意味着客户对这套房子产生了兴趣或购买欲望，对于客户而言，只是想多了解一下情况而已。如果房地产经纪人把房子的所有情况都一一介绍，那么客户就很难了解到房子的优点和价值，就会失去继续了解的兴趣。

如何能够有效地引发客户兴趣呢？这就需要房地产经纪人做好日常的准备工作了。在接到房源的时候，房地产经纪人就要先分析一下该房子的独特卖点，总结出该房子能带给客户的最大好处是什么。对客户来说，只有明白这套房子会给自己带来什么好处，他才有进一步了解的兴趣。因此，当客户想要了解房源情况时，房地产经纪人要立刻将这套房子的最大卖点介绍给客户，如客厅挑高4.95米、南北通透冬暖夏凉、赠送入户花园等。在介绍的过程中，可适当地"造势"，营造一种房子很受欢迎的态势，让客户觉得自己选了套好房子，进一步引发客户立即去看房的欲望。值得注意的是，最好不要在店门口和客户聊得太多，一旦客户有了兴趣，应主动邀请客户进店，然后再与客户详谈。

✓ **正确应对示范1**

客　户："这套三居是怎样的？"

经纪人："这套房子是我们店里重点推荐的优质盘，就在后面这个小区，我上午才带客户去看过。南北朝向，采光和通风一流，而且主卧有个大阳台，可以看到花园全景。站在那儿，空气都感觉比较新鲜。"（突出卖点"南北通透"和"可以观景"）

客　户："在几楼？"（客户产生了兴趣）

经纪人："先生，先进店里喝口茶，我给您详细介绍一下该房源的情况。"（邀请客户进店详谈）

点评：客户表示出对某一房源的初步兴趣后，房地产经纪人要及时地作出推介，将房子的最大优势有效地传达给客户，这样，客户的兴趣才会慢慢变大，经纪人才有可能邀请客户进店作进一步的介绍。

✅ 正确应对示范2

客　户："这套三居是怎样的？"

经纪人："这是我们前天刚收的盘，刚放出来就有好几位客户问了。上午我刚带两位客户过去看，就在后面的这个小区。小区环境挺好的，有很多休闲活动的场所。房子很新，业主年前才重新装修过，并且有入户花园，面积挺大的，还是免费赠送的。"（突出卖点"小区环境好"和"赠送入户花园"）

客　户："什么朝向？楼层呢？"（客户产生了进一步了解的欲望）

经纪人："这样吧，大姐，我们先进店里喝口茶，我给您详细介绍一下。如果有兴趣，我们还可以马上去看房，因为业主把钥匙放在我们店里了。"（邀请客户进店详谈）

点评：房地产经纪人必须练就的一项本领就是"察言观色"，也就是在最短的时间内，通过客户的寥寥数语，就能对其购房需求有个大致的判断。这样一来，经纪人的推介才会有针对性，客户的兴趣才能被不断地提起来。

情景 24：你们有××花园的 95 平方米左右的三居室吗

 错误应对

1. "不好意思，我们这儿没有。您想看看其他房源吗？"

点评： 客户的目标非常明确，要的就是××花园 95 平方米左右的三居室，如果经纪人用这种直接否定的回答来应对客户的话，客户一听，估计会立马转身就走。

2. "有啊，B 栋 7 楼，加上公摊面积刚好 95 平方米，业主开价 200 万元。"

点评： 在客户询价之前就过早地透露房源的价格，很容易让经纪人陷入尴尬的境地，因为客户很可能在其他中介公司看过这套房子，如果其他中介开价 180 万元，那么客户一听到 200 万元可能就没兴趣了，你也就失去了进一步与客户沟通的机会。

3. "95 平方米的三居室太小了，我这里有一套 105 平方米的三居室，也是××花园的。"

点评： 这种回答有两个弊端，一是它等于变相地告诉客户你手上没有符合其要求的房源；二是它否定了客户的想法，显得不太尊重客户，很容易让客户产生不满。

情景解析

初次接待客户，如果客户"指名道姓"地想要了解某套房源，尤其是详细到具体面积和户型的时候，说明客户在与你接触之前对该房源有一定的了解，而这种了解包括三种情况：一是已经在其他中介看过这种户型，但是价格谈不拢，想换一家中介试试，看能不能以较低的价格拿下；二是有亲戚朋友住在××花园，听说条件不错，就想来了解一下有没有符合要求的房源；三是已经通过其他中介看上了这种户型，但是那套房源已经被其他客户买走，希望你们公司会有类似的房源。不论属于哪一种情况，客户对房源的要求都非常明确。

这种情况在门店里经常发生，房地产经纪人要通过有技巧的提问，引导客户回答，判断他属于哪一种情况。在明确原因后，再根据原因进行有针对性的应对。如果属于第一种情况，在价格上不要太过轻易就作出让步，但是也不能把自己的后路堵死，要给客户留下一些谈价的空间；如果属于第二种情况，在进一步摸清客户需求之后，可以利用他朋友的推荐，巧妙地介绍房屋的优势和价值；如果属于第三种情况，便根据客户的要求推荐类似的房源。不管哪种情况，对于这种意向非常明确的客户，一定要牢牢把握。

若是手头并没有符合客户要求的房源，也不能直接告知，而应该摸清客户为什么看中那套房子。有时候客户并非喜欢那套房子，而是看中周边的设施和环境，或者是看中那个地段的升值潜力，只要能挖掘出客户的真实需求，再介绍其他合适的房子给客户，照样有成交的可能。

✅ 正确应对示范1

（有类似房源或相同房源时）

客　户："你们这里有没有××花园95平方米的三居室？"（客户明确表明目标）

经纪人："有啊！请问您之前看过这种户型吗？"（引导客户说出缘由）

客　户："前几天我在××房产看过一套，但是他们开出的价格很高，所以我想看看你们这里价格是不是比较合理一些。"（客户表明原因）

经纪人："请问您看的具体是哪一套呢？"

客　户："15栋7楼701室。"

经纪人："不知道他们给您报的是什么价格？"

客　户："200万元，我觉得贵了些。"

经纪人："您说的这套房子的业主也委托过我们出售，200万元您不能接受，不知您心目中的价位是多少？"（摸清客户的购买预算）

客　户："老实说吧，这套房子我也看过，还算可以，如果你能帮我谈到190万元，我就找你买了。"

经纪人："这位业主是我们的老客户了，如果您真的有诚意，就先交一些诚意金，这样我同业主谈价钱的时候也有依据，一旦业主同意了，我立即把诚意金转成定金给他，让他不好反悔。如果谈不成，我全额退给您。您看是先交五千元呢还是1万元？"（只要190万元要在业主的底价之上，就以谈价为由，先让客户交诚意金，以免客户反悔）

点评：客户点名问某小区××平方米的房子，说明他之前已经对此种户型有所了解，作为房地产经纪人，就要通过巧妙的提问，判断客户是因为什么原因而指名购买此户型。像本案例中，客户就是出于比价的心理而在不同中介公司间询价。这时，即便客户可以接受的价格等于甚至超过业主的低价，经纪人也不能一口答应客户的价格，而应以方便谈价为由，让客户先交意向金，否则只会让客户感觉价格还有降低的空间，从而使经纪人陷于尴尬的境地。

正确应对示范2

（没有类似房源时）

客　户："你们这里有没有××花园95平方米的三居室？"（客户明确表明目标）

经纪人："请问您之前看过这种户型吗？"

客　户："没有，我有一个朋友住在那儿，我觉得还不错。"（客户道出原因）

经纪人："是这样啊，您是想买一套××花园的房子，对吧？"（挖掘客户的真实需求）

客　户："是的。我们一家三口，想买个和我朋友一样的95平方米的就够了。"

经纪人："××花园的环境确实不错，绿化也好，还有很多停车位，这可是很难得的。我们现在有两套这样的房源，一套是5楼，一套是11楼，不过面积上有一点差别。"（根据客户的需求，在介绍的时候着重强调优点）

客　户："什么差别？"

经纪人："5楼的那套是130平方米的大三居，11楼的那套比较接近您的要求，是105平方米。户型都是三室两厅，朝东，且南北对流通风，非常符合您的要求。您有兴趣的话，我现在就可以带您上去看，我们有钥匙。"（尽量缩小所推荐房源与客户目标房源的差别，同时突出房子的优势，引起客户的看房兴趣）

客　户："好的。"

点评：客户点名问某小区××平方米的房子时，即便经纪人手上没有完全与之相匹配的房源，也万不可直接回答"没有"。要知道，客户的实际购买结果跟其最初的想法在很多情况下是不相符的，经纪人如果能通过巧妙的提问，对客户的实际需求有一个非常明确的判断，就可以从自己手中的房源中配对出条件相似的，然后将其更有优势的利益点推介给客户。只要能吸引客户看房，就意味着你向成功迈出了可喜的一步。

情景25：现在大家都在观望，看看再说

❌ 错误应对

1. 在客户面前表示出不满。

点评：俗话说"买卖不成仁义在"，房地产经纪属于服务行业，面对"上帝"更应该心平气和。遭到客户的拒绝之后，就表示不满或者说一些难听的话，这种做法是

非常不明智的，不仅会让你失去这位客户，还会影响公司的形象和声誉。

2. 放弃该客户，重新找新客户。

点评： 客户表现出来的只是犹豫或者说是顾虑，而经纪人就此选择放弃的话，之前的努力就前功尽弃了。购置房产是件大事，客户因为某些原因暂时不敢出手，是完全可以理解的，只要进行多方面、多层次的沟通，成交的可能性还是非常大的。

3. 穷追不舍，隔两三天就打一个电话问客户要不要买。

点评： 客户本来有购买的需求，但是出于各种原因选择观望，这本身就足以让客户心烦的了，经纪人再时不时地打电话过去穷追不舍，更容易激发客户的抵触情绪，甚至对你产生反感。

 情景解析

面对周期波动的楼市行情，有些不是特别着急购买的客户便会放慢脚步，尤其是受到观望氛围的影响，临时放弃或推迟购房计划的客户越来越多。

客户表示暂时不买要看看再说，这种情况一般在房地产经纪人做电话回访的时候发生。尤其是在国家出台房地产调控措施的一段时间内，会碰到很多的类似现象。当客户表示近期内不买房或者要再考虑一段时间时，房地产经纪人要对客户的决定表示理解，并且要询问客户这么做的真实原因，再根据具体情况进行多方面、多层次的沟通。即使没有回旋的空间，也要继续跟踪并维护好与客户之间的关系。

正确应对示范

经纪人： "王先生，您好。我是××房产的小张，前天带您去看过××小区的房子。您说要和太太商量一下，不知道现在商量得怎么样了？"

客　户： "我太太说不用那么急，现在大家都在观望，以后再说吧。"

经纪人："王先生，我理解您和您太太的想法。现在整个市场观望的氛围的确比较浓。不过这套房子各方面条件都不错，也很符合您的要求，现在像这样的好房子可不多了，昨天又有三拨客户去看了这套房子，其中有一个客户还很有意向。"

客　户："房子是不错，可是业主开的价格也太高了，所以我们想看看再说。"

经纪人："原来是这样啊。这样，王先生，找一套好房子也不容易，既然你们对这套房子有兴趣，那不妨和业主见个面，当面谈谈价格。这个业主人还是很不错的。您看您是今天下午有空，还是晚上有空？"

客　户："那也行，那就今天晚上吧。"

点评：买房置业是大事，客户出于某些原因想"看看再说"，房地产经纪人应该表示理解。这个时候，同理心沟通就显得难能可贵，它可以让客户消除对中介的芥蒂，敞开心扉说出自己的真实顾虑，也可以让经纪人的意见更容易被客户接受。

情景26：客户看了很多房子都不满意

➡️ 错误应对

1. 继续带看，认为看多了总会有客户满意的房子。

点评：盲目地带客户看房只会让客户对你的工作能力产生怀疑，如果没有把握住客户的真实需求，就算带客户看再多的房子，也很难让客户满意，更无法唤起客户的购买欲望。

2. 认为客户有意刁难，观察一段时间后如果仍旧没有进展，就渐渐放弃。

点评：购置房产是件大事，客户自然十分谨慎，对房子特别挑剔是理所当然的。

在与客户沟通的时候，经纪人要看准客户的真正需求，这样才会有所进展。

3. 把符合其要求的房源看完后，若是客户还不满意，就放弃。

点评： "满足客户的要求"听起来很感人，但是一定要讲究方式方法，任由客户挑来挑去，是永远无法为客户找到合适的房子的，因为没有一套房子是十全十美的，关键是经纪人要懂得"扬长避短"，把房子的优点放大、缺点化小。

 情景解析

客户看了很多房子都不满意，原因可能有下列三种：一是房地产经纪人没有摸清客户的真实需求，总是带客户看不符合其需求的房子，或者在推介的时候没有突出重点，未能吸引客户的注意力；二是客户对市场持观望态度，暂时不想出手，只是想通过看房来了解市场行情；三是客户已经在其他中介看上了某套房子，只是价格还没有谈拢，所以就不断地看房，希望能找到一套"物美价廉"的房子。

遇到这种情况，房地产经纪人不能太过于急躁，认为客户是在有意刁难，或者认为客户根本就没有购买的意思，而应该停下带看的脚步，了解客户对这些房子不满意的地方在哪里，原因是什么。在与客户沟通的时候，要注意观察客户关注的重点是什么，这样才能运用正确的方法来应对。如果是第一种情况，则要重新鉴定客户的需求；如果是第二种情况，则最好用专家建议或第三方的经历推动客户出手；如果属于第三种情况，引导客户说出具体房源后，向客户表示自己可以为其争取优惠条件，或者为其推荐类似的房源。

不论客户是属于哪种情况而对房子都不满意，房地产经纪人都不能轻易放弃，而是要通过观察和沟通，挖掘客户的真实需求和关注重点，再根据客户的需求来推介符合的房子，提高推介的成功率。

✅ 正确应对示范1

经纪人："王先生，您觉得这套怎么样？"（询问客户看房后的感觉）

客　户："楼层太低，光线不足，今天看的三套都不怎么样。"

经纪人："王先生，实在对不起，没有推荐到让您满意的房子。今天看房下来，我发现您非常注意房子的楼层和光线，您喜欢阳光充足的房子是吗？"（根据自己的观察试探客户的需求）

客　户："嗯，房子如果光照不足，对身体不好。"（得到客户的肯定回答）

经纪人："××小区有一套房子是七楼的，面积和今天看的这几套都差不多，前面没有建筑物遮挡，阳光比较充足。您这两天有没有空，我和业主约一下，一起去看一下怎么样？"（立刻向客户推荐符合其需求的房源）

客　户："再说吧，今天累死了。"

经纪人："王先生，您比较喜欢采光和通风好的地方，那这套房子刚好符合您的要求。因为业主昨天才放的盘，我还没来得及向您介绍呢，今天我同事就带了两位客户去看，听说都很满意呢。"（表示房子很受欢迎，给客户以紧迫感）

客　户："那行，明天早上吧，你和业主约下时间。"

点评：楼道几套房子看下来，客户均表示不满意，且不满意的原因几乎相同时，经纪人就有必要对客户的真正需求重新进行审视了。若只是一味地继续带看房，就会显得太过盲目，客户也会因为疲倦而对你的能力心生怀疑。

✅ 正确应对示范2

经纪人："张先生，您觉得这套房子如何？"

客　户："就这样的房子还要170万元？楼层那么低，小区环境也一般。"

经纪人："张先生，您还是趋向于买高楼层的是吧？说实话，我觉得××花园的那套房子各方面条件都挺好，我看您也挺喜欢的，您能告诉我为什么觉得它不行吗？"（无法了解客户的需求，便直接询问客户）

客　户："房子是挺好，就是价格和我们的预算出入太大。而且，现在房贷收紧的预期越来越明显，说不定房价很快就跌下来了。我还是先等等，看看市场情况再说吧。"（客户表明理由，处于观望状态）

经纪人："是的，张先生，房贷收紧对房地产市场确实有一定的影响，但影响不是很大。国家的本意是抑制投机购房，可是那些炒房客都是有钱人，不会急于出手；况且，即使炒房客少了，刚性需求还是非常大的，尤其像北京这样的大城市；最为重要的是，经历过2008年房价下跌后报复性上涨的业主，他们也不愿意卖房了，都想等着房价上涨的时候再出手，所以市场上的好房源越来越少了。所以，对于自住购房的客户来说，有合适的房子就要出手。既然您喜欢××花园的那套房子，要不我们找个时间再去看看，价钱上我和业主商量商量，您看怎么样？"

客　户："那好吧，下午我再带我太太去看看那套房子。"

点评：当客户表示出犹豫、观望的情绪时，聪明的经纪人绝对不会就此怀疑客户的购买诚意或者能力，甚至对客户有言语或者行为上的轻蔑，他要做的是利用自己对房产行业的了解，对当前形势进行合理的分析，这样既能让客户感知到他的同理心，又能让客户愿意接受他的建议。

情景27：房源不错，可是客户在看房时却看不出好来

✖ 错误应对

1. "不会吧，这样的房子您还觉得不好？"

点评：客户是来买房子的不是来找气受的，这样的应答等同于在说客户没眼光，

客户心里自然不会舒服。况且，买房子的是客户，客户也会有自己的评判标准，你这样让客户不痛快，客户就只能痛快地离去了。

2. 客户说不好就不好，不多加解释，继续换一套房源带看。

点评：不要期望"好房子自己会说话"，任何房子都不可能十全十美，所以才需要房地产经纪人来为它代言。如果每次都把"带"看房变成"陪"看房，那即使带客户看再多的房子，客户也不一定会动心。

3. 觉得客户没有诚意，就此放弃。

点评：每个人对"好房子"的评判标准都不尽相同，你觉得好的房子，客户不一定觉得好，关键是要针对客户的真正需求将房子的优点尽可能地展现在客户面前。而且，看几套房子就出手的可能性也非常低，所以不能仅仅因为客户看了房又不买就对客户心生不满。

 情景解析

很多时候，客户之所以不能下定决心购买，主要不是房源本身的问题，而是因为他不知道"买了这套房子对我会有什么好处"。可见，对于客户来说，他要买的是好处，而不是生硬冰冷的钢筋水泥建筑物。如果不能够让客户相信或了解购买这套房子能够给他们带来什么利益或好处，那么再好的房源对他而言都是没有吸引力的。

1. 卖产品不如卖好处

有一句销售行话说："三流的销售人员卖产品，一流的销售人员卖好处。"比如某套房子的智能化是其一大卖点，而你只是向客户介绍你的房子采用了哪些设备，客户一定不会感兴趣；但是如果你告诉他采用智能化设备可以为他将来的生活带来哪些好处，客户就会感兴趣。

简单地说，在推介房屋时，房地产经纪人的职责就在于把房子的特征通过介绍转化成客户的利益：比如可以呼吸到新鲜空气，或是可以享受到便利的生活，或是可以坐享升值带来的利益，或是可以拥有一个让人羡慕的家……

因此，在向客户推介之前，请你先好好分析一下该房子带给客户最大的好处是什么。对客户来讲，他只有明白这套房子会给自己带来什么好处，他才会下定决心去购买。不要只是不厌其烦地说些"这套房子很好"之类的空洞的话，那样是不会引起客户的兴趣的。

2. 向客户推销利益

既然客户买的是好处，那么房地产经纪人自然要向客户推销这些"好处"。"FAB介绍法"能有效地帮你解决这个问题。

所谓"FAB介绍法"，即"利益推销法"，也叫"三段论法"。这是目前一种比较流行并且非常简单实用的产品介绍方法。FAB其实是三个英文单词开头字母的组合：F是指特性（Feature），即产品的固有属性；A是指优点（Advantage），即由产品特性所带来的产品优势；B是指利益（Benefit），即客户使用产品时所得到的好处，这些好处源自产品的特性和优点。

通过使用FAB介绍法，房地产经纪人可以将所销售房屋的属性转化为它能带给客户的某种利益，充分展示房屋最能满足和吸引客户的那一方面。FAB介绍法的使用步骤如下。

（1）陈述产品的特性

产品的特性其实就是产品的事实状况，比如产品的原材料、产地、设计、颜色、规格等，即用眼睛能观察到的外部信息。对于二手房来说，产品的特性指的就是房屋的特点，比如朝东、带双跑楼梯等。

（2）解释产品的优点

产品的优点是指产品的特性所表现出来的直接功能效果，也就是从产品特性衍生出来的优势所在。对于二手房来说，产品的优点就是房屋的特点所表现出来的优势所在。比如，房子朝东，就能每天看到初升的太阳；带双跑楼梯，可节约面积等。

（3）强调产品带给客户的利益

产品的利益是针对消费者而言的，也就是产品的特性所能满足客户的某种特殊需求，或者说产品的特性、优点所能使客户享受、感受到的某种好处。

对于二手房来说，产品的利益就是房屋的特性（卖点）和优点（优势）所能够满足客户的某种需求，以及让客户享受、感受到的某种好处。比如，房子朝向东，就能每天享受到日出的新鲜感觉，不用在夏日忍受烈日的炙烤；双跑楼梯可以让客户有休息的空间，对老人的行动也比较方便。

可见，利用 FAB 介绍法，可以对房屋的特性、优点、好处进行层层分析，从而使房屋的个性显露无遗，不但使客户对房屋有了深刻了解，还能激发起客户的强烈兴趣。

通过上面的分析可以看出，FAB 介绍法（利益推销法）其实是一种针对不同客户的购买动机，把最符合客户要求的产品向客户进行推介，讲明产品的特性、优点以及可以为客户带来的利益的一种销售方法。

在使用 FAB 介绍法时，大家可以参考使用"因为……所以……对您而言……"这一标准句式。

"因为……"这一句说的是产品的特性，它回答了产品"是什么"、"具有什么特点"的问题。比如，"（因为）我们采用了转换层结构……"

"所以……"这一句介绍了产品的优点，它解释了产品的某个特性能带来什么。比如，"（因为）我们采用了转换层结构，（所以）每一户都是隐梁隐柱，房间里看不见一根梁和柱，尽显气派……"

"对您而言……"这一句是告诉客户该产品将如何满足他们的需求，也就是购买该产品所能得到的利益，比如，"（因为）我们采用了转换层结构，（所以）每一户都是隐梁隐柱，房间里看不见一根梁和柱，尽显气派。（对您而言）购买这样的房子，实际上得到的有效空间更大，实用率更高，房子的相对价格也就低了。"

✔ **正确应对示范**

经纪人："张太太，您觉得这套房子怎么样？"

客　户："没什么，不就是挑高设计吗？价格那么贵！"

经纪人："是的，张太太，大多数客户的第一反应都和您一样，觉得太贵了。不过，如果考虑到它 5.9 米的挑高设计，您就会觉得非常划算了。"

客　户："挑高是不错，可是想想还是太贵了。"

经纪人："张太太，您想想，5.9 米的高度，是不是足够让您把室内空间一分为二，轻轻松松地做出两层的效果？"

客　户："嗯，那没什么问题。"

经纪人："那就对了，这等于是花一层的钱买到两层的面积，也就是业内所说的'买一层送一层'。从实用面积上来算，它的价格应该还算是比较便宜的。"

点评：本案例中的经纪人之所以能够说动客户，就是因为他巧妙地运用了 FAB 介绍法：他首先向客户展示此套房子的特性——挑高设计；得到客户的认同后，又对挑高设计的优点加以说明；最后，也是最重要的一点，经纪人将挑高设计能给客户带来的利益进行了详细说明。

情景 28：询问客户买房关注点时，客户说不知道

✖ **错误应对**

1. "您怎么可能不知道自己选房重点关注的是哪些方面呢？"

点评：这种疑问的语气非常容易引起客户的反感，客户一般不会就此作出任何有参与价值的回答，也不太可能愿意继续与你合作。

2. "那您现在想想，您更加注重哪些因素，是价格还是户型，又或者是小区配套?"

点评：客户回答不知道，可能就只是想先了解一下情况，还没有对此进行过仔细思考。这样咄咄逼人的提问，会给客户造成压力，甚至会让客户对你产生反感。

3. "那您想好了再告诉我吧!"

点评：这种应对表面上看好像是在给客户时间进行思考，实际上都很容易让客户听出责怪的意思来。遇到问题不主动引导客户做出回答，反而把问题抛给客户，这是房地产经纪人消极应对的表现。

 情景解析

探询客户重点考虑的因素也就是要找出客户的关注点，客户在购房时，总是有几个方面是他们最为关注的。一般来说，所处地段、房屋价格、附近学校、房屋质量、小区环境、户型设计、配套设施、物业管理等方面是大部分客户的关注点，也是房地产经纪人必须特别重视的。了解这些关注点，房地产经纪人才能有针对性地进行推介，把房子的特性和客户的关注点相结合，激发客户的购买欲望。

有时候客户对此并没有经过思考，不知道如何回答，房地产经纪人应懂得引导客户做出回答。比如，可以试图了解客户对现在居住的地方不满意或希望改进的地方，从中提炼出客户大致考虑的重点因素。例如，对于注重地段的客户，推荐时应强调房源所处区位的交通和市政设施；对于注重价格的客户，应推荐实用、性价比高的房源；对于注重环境的客户，则应强调小区绿化和生活配套等。

正确应对示范1

经纪人："王小姐，可以说说您选房时重点考虑的是哪些因素吗?"

客 户："不清楚。"

经纪人："不好意思，我这样问太唐突了。买房对于任何一个人来说都是一笔很大的投资，所以，选房一定要谨慎，既要考虑到预算问题，又要符合自己心意。有的人注重房子的舒适性，有的人则更加看重房子的升值和保值性，也有的人关注的是居住的便利性。不知道您更在意的是房子的哪一方面呢？"

客　户："舒适性，不过升值空间也很重要。"

点评：当客户表示不清楚自己买房的关注点时，经纪人可以用缓和的语气将一般客户所关注的方面列几个出来供客户参考，只有对客户的需求有大致的把握，推介房子时才能有针对性。

✅ 正确应对示范2

经纪人："王先生，为了不让您花费太多时间来来回回地看房，我想了解一下您更看重房子的哪个方面，是地段、价格、小区环境还是周边配套？这样我就能有针对性地向您推荐最适合您的房源。"

客　户："小区的环境要好，不要太吵；附近要有公园之类可以跑步和运动的地方；房子最好在高层，这样空气流通和采光都比较好。"

经纪人："看来您是个非常注重生活品质的人。"

客　户："对，因为我太太是护士，对这方面比较重视。"

经纪人："××小区的环境应该很符合您和您太太的要求，它……"

点评：了解到你询问买房关注点是为了能尽快帮自己找到心怡的房子后，客户对中介的芥蒂也就会随之消散。而适当的赞美也可以缓和与客户交谈的气氛，在愉悦的氛围里，客户更容易敞开心扉表达自己的看法。

情景 29：想了解客户的购房动机，客户却避而不谈

 错误应对

1. 凭个人直觉判断客户的购房动机。

点评：了解了客户的购房动机才能作出有针对性的推荐，而上面这种做法太过于主观，你觉得好的房子未必就是客户想要的房子。建立在主观判断基础上的推介，可能会与客户的真正需求相去甚远。

2. 直接询问客户为什么买房。

点评：最初接触经纪人时客户一定会比较谨慎，这一方面是出于对陌生人的自然防备，另一方面客户可能觉得保持适当的神秘感有助于增加自己在谈价时的砝码。所以说，经纪人这样直接询问，很难得到有价值的信息。

3. 不论客户有何购房动机，全部按照自己习惯的推介方式进行介绍。

点评：客户是"上帝"，经纪人的推介方式一定要适应客户的习惯和喜好。这种千篇一律的推介，很难匹配到客户的关注点，这样的解说再动听，也无法让客户动心。

情景解析

购房者的购买动机大致可分为以下三种。

1. 自住型

就目前二手房交易市场而言，自住型购房者是其中的主流，而这部分客户大多是 25～30 岁的年轻消费者。持有此种购买动机的客户多为第一次购买，他们追求的是产品的高性价比，虽然对"市价"不是十分敏感，但是总价低、建筑质量好的产品最符

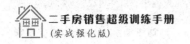
合他们的要求。因此，要向他们推荐宜居型住宅。

2. 改善型

虽然自住型购房者占很大的比例，但改善型客户的需求也很强劲。改善型客户的购买能力强劲，信息更加灵通，对市场的认知更为深刻。他们是高端产品市场的主力，追求的是物质和精神的双重享受。改善型客户并不缺住房，但出于对生活品质的追求和对资产保值增值的要求，他们购买高端产品的动力较大。因此，一些地段好、品质高的高端物业或大品牌的物业较符合他们的需求。

3. 投资型

投资型客户一般考虑的是物业的价值趋向，关注的是楼盘未来的升值潜力。他们主要关心的是与小区相关的各方面数据，包括区域的发展规划、该地段物业的价值和销售价格、物业管理收费等影响物业升值和资金周转的相关数据。因此，最好向他们推荐一些交通规划容量大、开发商实力雄厚、物业管理好、周边生活配套完善等适合投资的项目。

在与客户沟通的过程中，当客户透露出与购房动机有关的信息时，可以用赞美客户的方式拉近彼此间的距离，然后顺势提问，让客户在愉悦的心情下作出回答；也可以在不经意间提问，让客户在没有防备的时候很自然地说出内心的真实想法；还有一种方法，就是以单刀直入的方式进行提问，直接征求客户的意见。

一般客户的购房动机主要有以下几种。

（1）因结婚而买房；

（2）因生小孩或与父母同住而需要买房；

（3）买房给父母或子女居住；

（4）为改善居住环境而买房；

（5）因工作或学习关系需要买房；

（6）为投资、保值、出租而买房；

（7）因退休之后计划迁居而买房；

（8）因负担不起养房费用而换成小房。

✅ **正确应对示范1**

经纪人："王先生，看您这么年轻，应该还没有结婚吧?"（在闲聊中慢慢引导客户）

客 户："哪里啊，我小孩都快上小学了。"

经纪人："还真是看不出来，那这次买房是一家三口住啦? 我猜您买房是为了小孩读书，是吗?"

客 户："是啊，我太太希望能让小孩上个好点的小学，所以我最近一直在看房呢。"

经纪人："是啊，现在的家长最担心的就是子女的教育问题了。在什么样的环境生活和学习，对孩子的成长有很大的影响。之前有一位客户，就是因为小孩就读的学校校风不好，怕小孩子学坏，听说买了××小区的房子可以上实验小学，二话不说就买了一套……"

点评：交谈是房地产经纪人获取客户或者业主相关信息的一个重要手段，交谈的目的就是通过一些有目的性的引导问询，在看似闲聊中让客户主动地把经纪人想要了解的信息讲出来。所以说，交谈一定要有技巧，不能给客户任何的压迫感。经纪人可以用试探性的问题一步步地明确客户的购房动机，之后再进行有针对性的推介。适当的赞美、他人的类似经历，都会为你的推介加分。

✅ **正确应对示范2**

经纪人："张先生，您对房地产这么了解，应该买了好几套房子了吧?"

客 户："你太抬举我了，我只不过经常会关注下房地产市场的动态罢了。自己打算买房，也得多了解了解。"

经纪人："既然您是行家，我也不拐弯抹角了，您这次买房是打算投资呢还是买来自己住？"

客　户："老实说，我是打算在商业区买套房子，专门出租……"

点评：适当的赞美会让客户放下对你的防备之心，心与心的距离拉近了，再想了解购房动机就如探囊取物一般简单了。

情景 30：客户不肯说出自己的购房预算

❌ 错误应对

1. "您为什么不肯告诉我您的预算呢？"

点评：这样的话让客户听起来是在埋怨自己不配合经纪人的工作。客户是消费者，他有权利选择是否告诉你他的预算。

2. "不知道您的预算是多少，我很难为您推荐合适的房子。"

点评：这句话的意思没有错，但是给人的感觉含有威胁的成分。这样不但无法让客户抛开顾虑说出购房预算，反而会增强客户的防备心理。

3. "您不要有那么多顾虑，我们现在又不是在谈房子的价格。"

点评：预算跟房子的价格是直接挂钩的，这样的应答对降低客户的防备心理毫无用处。

4. "奇怪了，不就是一个数字吗，您有什么不好讲的呢？"

点评：这种语气太具有挑衅性，容易引爆原本就不够和谐的气氛，令客户愤然离去。

情景解析

　　客户不肯说出自己的购房预算，一是对房地产经纪人不信任，二是担心过早地透露购房预算，会让自己在价格谈判中处于被动地位，导致自己的利益受损。所以，在没有互相信任的情况下，客户是不会轻易透露自己的购房预算的。然而，价格一直都是影响客户购买的第一因素，在其他条件基本相似的情况下，房价将最终决定客户是否购买。因此，房地产经纪人一定要了解客户的购房预算。

　　要突破客户的心理防线，最好以同理心理解客户的顾虑，从专业的角度出发，耐心向客户解释自己需要了解预算的原因。购买房产对于任何一个家庭来说都是相当大的投资，因此购房前，大部分客户都会拟一个购房预算，这样在选房时才不会盲目，也不会浪费时间，并最终挑到适合自己的房子。然而，在与客户交谈时，房地产经纪人常常会发现有些购房者只会紧盯房价，却忽视了地段、物业、税费以及相伴而生的其他费用，造成预算一再超支，甚至形成买得起住不起的局面。

　　如果客户表示自己只有价格上的初步预算，那么房地产经纪人应该给客户一些专业的建议，告诉客户购房前有必要拟定一个清晰明确的购房预算。

✔ **正确应对示范1**

　　经纪人："王先生，可以说说您的购房预算吗?"

　　客　户："不急，我先看看。"

　　经纪人："希望您不要有太多顾虑，我们这里有很多房源，一一介绍的话恐怕会浪费您大量的时间，了解您具体的购房预算，我就能为您推荐一些最符合您要求的房子。"（向客户解释理由）

　　客　户："我们一家三口，打算买套90平方米的小三居。"

经纪人："价格上您有什么要求吗？"

客　户："……"（客户对价格比较敏感，不肯表明）

经纪人："是这样的，我知道买房对于任何一个家庭来说都是相当大的投资。我做这行也有四年多时间了，接触过不少客户，与他们沟通时我发现，有些客户买房时常常只盯着总价，却忽视了对首付款、月供、税费以及其他费用的计算，导致预算一再超标，甚至出现签订合同后又无法筹到足够资金的局面。当然，我不是在说您，只是站在一个朋友的角度，让您对二手房交易有一个更清晰的了解。"

客　户："我知道你不是在说我，还真谢谢你的提醒，之前我只考虑到总价方面，真没想到月供、税费这些费用。这样吧，你帮我列一个预算表，帮我算算以我的情况，如何做预算更好？"（得到客户的信任）

经纪人："好的。请问您的首付准备多少？能承受的月供是多少？"

点评：房地产经纪人在客户购房的过程中不光扮演着推介者的角色，还是个引导者，因为你是专业的经纪人，所以在知识储备、经验、办事流程等方面都更专业。当客户不愿明示其购房预算时，最好的办法就是用专业的建议来拉近与客户的距离，当客户发现你的一些提醒恰好被他忽略掉了时，他对你的信任会油然而生。

正确应对示范2

经纪人："吴先生，可以说说您的购房预算吗？"

客　户："还没决定，打算买个100平方米左右的房子。"（客户没有明确的购房预算）

经纪人："您还没有做具体的购房预算是吧？我建议您拟定一个购房预算，对自己的投资进行一个可行性的预测。"（建议客户做预算）

客　户："怎么拟定？"

经纪人："是这样的，购买房产可以说是一项大投资，单单对房屋价格有预算是不够的，还要考虑到物业管理费的支出、装修及维修费用预算、贷款偿还能力、购房时的各项税费等方面。在充分考虑自己需求的同时，根据这些因素来决定自己所要购买的房屋类型、面积和价位。您自己心里有底了，有了明确的购房预算，这样我就能为您推荐最合适、最让您满意的房子。"

客　户："哦，说的没错，买房还真的是个脑力活。谢谢你的提醒，我回去和太太商量商量，再告诉你具体的预算啊。"

点评：经纪人不能两只眼睛只瞅着客户的钱包，这样会让客户产生反感和厌烦的情绪。你应该用自己的专业知识博取客户的信任，之后让其自愿地告诉你他钱包里的情况。

情景 31：不知道客户是不是购房的决策者

 错误应对

1."买房您可以自己做主吗？"

点评：这种提问生硬且没有礼貌。在获得客户的信任前或者交易进入到谈判阶段之前就问这个问题，会让客户怀疑你有什么不良的企图。

2."如果您看中了还需要其他人来看吗？"

点评：这样的提问是对客户权威的一种赤裸裸的挑战，有些比较敏感的客户，会认为你看不起他，觉得他没有决策权。

 情景解析

购买房产对于众多家庭来说都是一笔相当大的投资。绝大部分家庭对于买房这一消费行为都十分谨慎，需要查阅各种资料，获得更方面的信息，征求各方面的意见。

因此，了解谁具有购买决策权能提高房地产经纪人的销售效率，节省不少时间和精力。当然，对不具备购买决策权的客户也要给予高度的重视，因为每个相关成员的意见和建议都会影响决策者的购买行为。

要想了解接待的客户是否是购房的决策者，一定不要直接询问，这样很可能会伤害客户的自尊心。最好的办法是采取迂回战术，用一些婉转的话语来旁敲侧击，如"您还需要参考家人的意见吗?"或"您每次都是一个人来，买房是由您全权负责的吧?"这样才能让客户在没有防备的时候做出真实的回答。如果客户表示要同家人商量，那么可利用这个契机，邀请客户带上家人一起看房，以加快客户的购买进程;如果客户表示自己并非决策者，那么在沟通的时候，要注意了解一下决策者的信息资料，如喜好、生活习惯、居住环境等，以便在决策者前来看房时能够有针对性地进行介绍。

✓ 正确应对示范1

经纪人:"您还需要参考家人的意见吗?"

客　户:"当然了，买房就是为了我爱人上班能方便一些。我们现在住的地方离她公司太远了。"

经纪人:"您这么为太太着想，真是个好丈夫! 您太太上班的地点在哪? 我好为您推荐一些交通方便的房子。"

客　户:"就在××区的××大厦。"

经纪人:"好，只要一找到符合您要求的房源，我就立刻通知您，到时您和太太一起来看房。"

点评:上面的案例中，房地产经纪人利用委婉的提问很容易地就了解到客户夫妇是共同决策者，有了这个定位，房源的推介就有了针对性，也就更容易匹配到与客户要求一致的房源。最后，对共同决策人发出的邀请，也再次向客户表明了你对这单生意的重视，也就更容易拉近与客户的心理距离。

 正确应对示范2

经纪人："王先生，既然您对这套房源有兴趣，那么我就和业主约个时间，您到实地去看一下，怎么样?"

客　户："行，不过我得先看看我姐姐什么时候有空。"

经纪人："那请问王先生，这次是您要买，还是您姐姐要买?"

客　户："这套房子我是帮我姐姐看的，我先看几套，再由她自己决定。"

经纪人："那您姐姐一定很相信您，买房子这么大的事情都让您帮忙。您姐姐在这附近上班吗?"

客　户："不是，她打算买套房子来投资，她在××市。"

经纪人："哦，是这样啊，买房投资可是个不错的选择，出租的钱可以还房贷，等房价涨了，一转手就是一笔可观的收入。您可真有眼光，您选中的这套房子，虽然地段不算市中心，但是发展的前景非常好，那地方的房价近年来可是一直在涨。您姐姐这次打算投资多少呢?"

点评: 当客户表示自己并非真正的购房者或者决策者时，经纪人就必须想方设法地了解真正购房者或者决策者的相关信息，为之后的推介工作做好准备。适当的赞美、肯定，可以拉近经纪人与客户的心理距离，当客户的防备心理放松时，问出更多有关决策者的信息也就成了顺理成章的事。

情景32：客户对你的询问不加理会，无法明白其想法

✖ 错误应对

1. 不管客户理不理会、回不回答，继续守在边上一路问下去。

点评: 这种处理方式，不仅不会使客户的态度有所改变，反而更容易引发客户的

厌烦。

2. 被客户无视了几次之后，就满腹怒火地离开，并且决定再也不接待此客户。

点评：甩客的处事方式只能表明作为经纪人你还不够成熟，对待不同的客户就应该采用不同的方法，客户屡次无视你的提问，一定是你的提问方式出了问题。

3. "您什么都不说的话，我怎么可能知道您的要求呢，又如何去帮助您？"

点评：这种质问是把责任都推给客户的一种消极做法，只会令客户暗生不满，并且大有可能就此中断沟通而选择离开。

 情景解析

提问是房地产经纪人在销售洽谈中经常使用的语言表达方式，通过提问不仅可以让客户表达自己的想法，还可以增进双方之间的互动交流，使自己更了解客户的想法。提问决定着房地产经纪人与客户谈话的方向，是房地产经纪人推进和促成交易成功的有效工具。

当客户对你的询问不加理会时，你应该站在客户的立场上换位思考，找到客户沉默的症结所在，这样问题必然就迎刃而解。部分此类问题是由于客户自身的性格所致，他们本身沉默寡言，不会轻易对房地产经纪人透露自己的意见与主张；又或许是因为他们本身有独立的见解，比较相信自己的看法和判断，不喜欢或者不相信房地产经纪人的建议，对与房地产经纪人的沟通比较反感；还有一些客户则是故意佯装成这样，表面上不理不睬，其实是想要在心理上给房地产经纪人来个下马威，从而掌握主导权，以便在之后的交涉和谈判中好占据有利地位。

无论是何种情况，遇上这类客户，绝对不能硬碰硬。可以采取迂回战术，放下当前的话题，先做情感上的投资，跟客户开开玩笑或者聊聊天，令其先放下戒备，用轻松的话题来激发客户与你交谈的兴致，再留心观察情形，在适当的时候转回正题。或者是先给客户一定的自由空间，让他们仔细考虑清楚，自己在一旁随时候命，这样既不会令客户感到不便，也不会让他们觉得被怠慢。

✔ 正确应对示范

经纪人："先生，您一定是做文化教育工作的吧?"（等待客户反应）

客　户："哦? 这话怎么说?"

经纪人："我看您一副文质彬彬的样子，穿着打扮也很儒雅，一看就是个高级知识分子。"

客　户："呵呵，你还真是会说话啊。"

……

点评：客户的沉默就像一堵厚实的墙，挡住了你要了解客户有关信息的路。这个时候不假思索地继续往前走，只会让你碰一鼻子灰甚至撞得头破血流。其实，仔细想想就能明白，如果墙的那边有人的话，就一定会留门，找到了门，穿过墙就不再是件困难的事情。

带客看房有诀窍　第四章

情景 33：客户看了几套房子后，便找各种理由推托继续看房

 错误应对

1. 直接问客户某天有没有空，业主刚好那天有空，可以看房。

点评： 这样的问话会把经纪人直接推到客户的对立面上，通常会被拒绝，也很容易让客户对你产生不满，对之后的沟通产生不好的影响。

2. 问客户什么时候有空看房，可以根据他的时间来安排。

点评： 约看房听起来简单，其实却牵扯到经纪人、客户、业主等多个方面的时间安排。这样的回答会让经纪人非常被动，因为客户有空业主可能没空，或者你在那天恰巧约了其他客户看房，最后，可能会令客户对你更加不满。

3. 告诉客户这套房源绝对符合他的要求，希望他抽时间过来。

点评： 这种太过绝对的承诺和保证，会让客户的期望值大为提高，但是"希望越大失望也越大"，如果客户看房后仍表示不满意，那以后要再让客户相信你的专业性和眼光就难上加难了。

情景解析

有些客户看了好几套房子，但都不满意，有时就会因此对房源或房地产经纪人失去信心。当房地产经纪人再次打电话邀约看房时，客户就会找各种理由来推托，表示没有时间继续看房。这种情况对销售非常不利。

客户之所以对房源不满意，原因有以下几种：一是所看的房源价格太高，超出客户的购买预算；二是房源较差，不符合客户的要求；三是房地产经纪人推介的方式有误，无法抓

住客户的真实需求和关注点。无论哪一种情况，三番两次看房，却一次都没有看到满意的房子，的确会让客户失望，怀疑房地产经纪人的专业性，甚至怀疑公司没有好房源。

当有适合客户的房源时，要邀约客户前来看房，房地产经纪人可以选择一些对客户有利的理由，如业主由于工作调动而卖房、前一位客户由于资金不足而放弃的好房源、业主因急需用钱而紧急出让等，让客户感觉能从中获得好处，激发客户前往看房的欲望。同时，邀约的时候一定要让客户自己选择看房时间，表示充分尊重他的选择。有一点需要注意，这时候所选择的房源一定要贴近客户的要求，并根据客户的关注重点来介绍，这样才能挽回客户对自己的信任。

✅ 正确应对示范

经纪人："王先生，您好！我是××房产的小陈。"

客　户："小陈，你好。"

经纪人："王先生，是这样的，最近我们店里刚收了一套优质房源，不知道您明天有没有时间，我带您去看看？"

客　户："明天我没时间，再说了，你都带我看了五套房子了，没一套让我满意的。"

经纪人："真的很不好意思，不过这套房子不同，业主本来没打算卖房，由于他公司周转不灵急需一笔钱，昨天才委托我们出售的。我一见这套房子格局好、装修也新，各方面都挺符合您的要求，价格也合理，所以就第一时间通知您了。"

客　户："是这样啊……"（客户有些犹豫）

经纪人："当然了，光我嘴上说好也没用，房子好不好还得您自己看了才行。怎么样，您明天上午方便还是下午方便呢，我跟业主说一声。"

客　户："上午吧。"

经纪人："那行，我们明天上午见，十点可以吗？"

客　户："好。"

点评：客户看了数套房源都没有找到满意的，一定会心生厌烦，这种情绪如果不能及时消除，将会对双方之后的交流沟通产生极坏的影响。如何重燃客户的兴趣与热情，就看经纪人的技巧了。本案例中，经纪人以业主急需钱才出售房产这个理由，让客户觉得有便宜可捡，而相对宽松的看房时间安排也让客户稍感放松。

情景 34：房源很抢手，客户却说周末才有空

 错误应对

1. 告诉客户周末人太多，没办法安排时间。

点评：太过直白的拒绝会让客户感觉你对他不够重视，继而对你产生不满，增加日后交易的难度。

2. 向客户表示房源很抢手，希望客户能挤时间过来。

点评：利用房源抢手激发客户的危机意识是正确的，但要注意表达的语气和方式。没有事实依据的苍白表达，只会让客户误认为你是在故弄玄虚，很容易被拒绝。

3. 答应客户周末看房。

点评：轻易答应客户周末看房的要求，只会让顾客严重怀疑你告诉他的房源很抢手的说法。客户会认为真的好房子一定很多人在关注，不可能等到周末。

情景解析

有些客户平时很忙，邀约看房时总是因为工作忙没时间而拒绝。毕竟客户不是全职买房的，不会因为要买房就放下手头上所有的工作。然而碰到一些十分抢手的房源，

推迟几天就可能被其他客户抢先下单。这样一来，就需要继续为客户寻找合适的房源，这样成交周期将拉得特别长，降低了成交率，经纪人的工作量也势必加大。

遇到房源十分抢手的情况时，房地产经纪人一定要让客户根据自己安排的时间来看房，这样自己的工作效率和成交率才会大幅提高。为了让客户意识到房源抢手这一情况，可以重点突出房源的优点和价值，同时利用第三方来烘托人气，唤起客户的危机意识，使其立刻答应前往看房。

◈ 正确应对示范

经纪人："李先生，我这里有一套各项条件都很符合您要求的房子，您今天有时间过来看看吗？"

客　户："今天没空，周末吧。"

经纪人："是这样的，这套房源是昨天业主才放的盘，是××小区的，在16楼，户型格局非常好，因为客户着急用钱，价格比市场价低了不少。刚刚我同事也向他们的客户推荐了，有两个客户中午就要来看房了。而且，这套房源不是我们独家委托，业主在其他中介也登记了，像这么好的房源，大家肯定都是做重点推荐的。如果周末再看房，恐怕会被别的客户先买下了。而且就算到时还没成交，但看的人多了，业主想要涨价也不是不可能。我知道您很忙，但是我希望您今天能抽个时间来看看这个房子。"

客　户："那好吧，我今天抽个空去看看。"

经纪人："那请问是上午方便还是下午方便呢？"

客　户："下午吧！"

经纪人："那我们定在下午两点，行吗？"

客　户："好的。"

点评：制造房源抢手的局面，可以激发客户的看房欲望，但是一定要有具体分析才能让客户相信你不是在故弄玄虚。看房牵扯到经纪人、客户、业主三方面的时间安排，一定要记得确定好具体的时间。

情景 35：要带客户去看房，业主却不愿前往开门

 错误应对

1. 采用疲劳轰炸的方式，不停地打电话预约业主开门。

点评：死缠烂打只会让业主对你更加厌烦，不光达不到预期的效果，甚至还会使业主在不胜其烦之后作出不再委托的决定。

2. 趁机要求业主给钥匙，省得浪费他的时间。

点评：趁机要求业主给出房屋钥匙是个好办法，但是一定要对业主的性格有十足的把握，比如说，如果在之前的委托中业主就已明确表示不肯留钥匙，那这种做法会让业主更反感。

3. 告诉业主如果不开门，很可能就浪费了一个成交的机会。

点评：营造危机感时一定要有具体的分析甚至事实上的依据，否则会让业主觉得你在危言耸听，是为了达成交易而耍的小手段，甚至可能对你失去信任。

4. 认为把业主"晾"几天，他就会主动要求自己带客户看房。

点评：不肯配合开门看房的业主一般都不会是独家委托的，你不带客户去看房也会有其他的经纪人带看，业主不会因为你"晾"了他就主动请求你带客户去看房的，损失最大的只会是你自己。

情景解析

经常有客户前来看房，却迟迟不能成交，这的确会让业主失望，继而失去前往开门的热情。

当业主表示不愿前来开门时，要成功预约业主，一定得找一个让业主无法拒绝的理由。比如这位客户已经看过类似的房子，只是下定金的时候迟了一步，被其他客户抢先买走，所以成交的可能性很大；对于那些经常被客户还价特别低而导致不想开门的业主，应表示这位客户在价格上不会太多计较，只要房子符合他的要求就可以了。总之，要让业主看到成交的可能或者希望，这样业主便会同意前往开门。

值得注意的是，除非房地产经纪人认为客户看中该套房子的可能性较大，才能如此说服业主前来开门。否则，业主会认为再一次被你骗了，那之后再预约他就更难了。

✓ **正确应对示范1**

经纪人："王先生，您好，我是××地产的小李。"

业　主："你好！"

经纪人："王先生，是这样的，我有个客户，我想带他来看您那套房，不知道您明天方便吗？"

业　主："小李啊，你都带过不下八个客户来看我的房子了，都没有成交啊。"

经纪人："王先生，这次的客户还是很有诚意的，他之前已经看过类似的单元了，楼层、朝向、格局都和您的房子差不多，只是下定的时候迟了一步，被别人抢先了。所以，您看您是明天上午方便还是下午比较方便，我带客户过去看看？"

业　主："那就明天下午吧。"

经纪人："好的，那我们明天下午三点在您的房子见？"

业　主："好的。"

点评：客户来了光看房却没有任何人表现出购买意向，这确实会让业主大失所望。这个时候，"很可能成交"这个理由就足以使业主为你敞开方便之门。而用选择式的方法敲定看房时间也会让业主体会到你对他的尊重，从而更愿意配合你的看房要求。

✅ 正确应对示范2

经纪人："张先生，您好！我是××地产的小陈。"

业　主："小陈，你好！"

经纪人："是这样的，我有个客户，他对您B栋601单元的房子很感兴趣，不知道您明天是否方便，我想带他去看房。"

业　主："你也带好几个客户过来看过了，但后来都没消息了。你不会让我这次也白跑一趟吧？我都懒得去了。"

经纪人："让您白跑了几趟，真是不好意思。不过这位客户与之前的不同，之前的客户还价总是很低，这个客户我已经和他提过了，他表示价格不是问题，关键是他能中意。房子是否符合他的要求，总要看过之后才知道，您说是吧？不知道您明天是上午方便还是下午更方便一些？"

业　主："下午吧。"

经纪人："那下午三点可以吗？我们在您的那套房子见。"

业　主："好的。"

点评：带多批客户看房但却都未成交，经纪人就要分析其原因是否有共性了。抓住了这个共性，也就抓住了成功预约业主开门的钥匙。

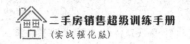
情景 36：要带客户看房时，客户不愿意签署看楼书

 错误应对

1. 告诉客户这是公司的规定，不签看楼书就不能带去看房。

点评： 拿公司规定来压客户只会适得其反，不但没有积极化解客户的异议，还会让客户对公司留下不好的印象。

2. 认为无所谓，相信客户不会跳单。

点评： 客户会不会跳单不可能明明白白地写在脸上，为了确保自己的工作成果，在客户不是很抗拒的情况下，最好在看房前想办法让客户签署看楼书。

3. 等客户看完房后再要求他签。

点评： 这种做法的风险系数非常高，经纪人面对的客户品行各异，如果客户看房回来仍旧不肯签字，自己和公司的利益就会受到损害。所以只有在对客户有把握的情况下，才能答应先带看之后再签看楼书。

情景解析

为了保证房地产经纪人及公司的利益，一般房地产中介公司都会规定带客户看房前要签看楼书。在实际工作中，存在部分客户不愿意签看楼书的情况。有些客户是不明白它的作用，怕签了会让自己的利益受到损害，然而有极小部分客户是别有用心，准备日后跳单。为了确保自己的工作成果，房地产经纪人要尽量说服客户签署看楼书。

遇到不愿意签字的客户，房地产经纪人应诚恳地表示这是公司的规定，一是为了规范房地产经纪人带客看房的服务，二是为了确认房地产经纪人外出确实是带客户看房，然后把不签看楼书的后果及责任告诉客户，表示如果没签看楼书就带客户去看房，自己会因此受到批评或惩罚。

当然，也有一些客户看房前不肯签字，执意表示看房后再签。为了避免与客户闹僵，在有一定把握的情况下，最好先表示同意，然后在看房子的过程中加强与客户的沟通，争取与客户成为朋友，这样客户在看房后签字的可能性较高。

✔ 正确应对示范1

经纪人： "王先生，按照公司规定，在看房前您得在看楼书上签个字。"

客　户： "这是什么？"（客户表示不理解）

经纪人： "看楼书是我带您去看房子的一个证明，这也是公司的一项规定。"

客　户： "这上面写的'私下成交要交2.5%的佣金'是什么意思？"

经纪人： "这是为了防止有人跳开我们中介私下同业主成交，那样的话我们是要追究责任的。"

客　户： "那我到时候没看到满意的，不买了，不会也要收佣金吧？"

经纪人： "当然不会啦！这只是为了以防万一，毕竟我们中介每天风里来雨里去的，如果辛辛苦苦带客户去看房子，客户却私下和业主成交，我们一点佣金都没得到，这对我们也不公平，您说是吧？"

客　户： "也是，你们也挺不容易的，我签！"

点评： 客户不愿签看楼书一般都是因为对其作用、约束力不甚了解，这个时候，经纪人只要正确的引导，就可以成功拿到客户的签字。而适当地示弱也不失为一种唤起客户的同情心的好方法。

✅ 正确应对示范2

经纪人："张先生，看房前请您先在看楼书上签个字。"

客　户："为什么要签这个？我都买了好几套房子了，都没有签过这个东西。"

经纪人："看房前签看楼书是业内的行规，要是我们带客户去看房却没有签看楼书，公司会说我做事不规范，而且这也是证明我确实带客户去看房的一个依据。如果没有按规定办事，我不仅会受到批评，还可能会被罚钱。"

客　户："不会的，到时我可以帮你证明你确实带我去看房了，我签不签都没关系的。"

经纪人："其实签和不签对您而言都是一样的，可是对我就不同了，这是维护我工作成果的一个依据，您就帮我个忙，在这里签个名，我好向公司交代。等您买了房我一定会好好感谢您的。"

客　户："如果其他家中介能帮我争取到更大的优惠的话，我肯定选择他们啊。"

经纪人："您放心，其他中介能帮您争取到的优惠，我保证也一定能替您争取到，这样可以吗？"

客　户："好吧。"

点评：看楼书的约束力是针对经纪人、客户双方面，而不是单单约束客户的。将看楼书的约束力、保障力向客户解释透彻了，客户一般也不会太过为难你。

情景37：符合客户需求的房源很多，不知该如何带看

❌ 错误应对

1. 一次就带看所有符合客户需求的房源。

点评：可选择项太多的话，客户容易挑花了眼，更难以选择。

2. 每次只带看认为最符合客户需求的那一套。

点评： 客户在消费时都有一种择优心理，只有一套房源而没有任何比较的话，客户就会下意识地觉得说不定还会有更好的，从而降低了交易成功的几率。

 情景解析

符合或大致符合客户需求的房源数量通常都不止一套，在这种情况下，很多房地产经纪人就不知所措，不知道该如何带客户去看房了。

常常听到有人这样说："我没有选择"。这句话隐含着一层重要的意思：可供选择的东西越多越好。因此，为了给客户提供更多的选择，以提高签单的概率，很多房地产经纪人就不辞辛苦地带着客户把所有的房源都逛遍。从逻辑上看，这很自然，人总在追求更大的自由，而人的自由在很大程度上体现为选择权的大小和机会的多寡。然而最新研究揭示，实际情形远非这么简单，选择机会超过一定数量就会变成一件坏事。

过多的选择会使人们陷入游移不定、自责后悔的怪圈。同样，可供选择的房源越多，客户越可能举棋不定，甚至因为看太多了，会把地点、房型等记混，更别提交易了。

正确应对策略

根据客户需求，确定1~3套主推房源介绍给客户，然后准备几套备用房源，根据具体情况再决定要不要带看。

点评： 精明的经纪人会把众多的各项分出层次，首先选出各项条件有些许不同的1~3套房源，有比较才能更清楚地看到主推房源的优点。这样，既可以满足客户的择优心理，又不至于让客户挑花了眼。

情景 38：一次带看两套或多套房源，不知该先带看哪一套

错误应对

1. 随意安排看房顺序。

点评： 看房顺序事关重大，如果没有根据房源情况和客户需求科学地安排看房顺序，就无法提高带看房的成功率。

2. 先看最好的，再看最差的。

点评： 客户看了第一套房子觉得不错，心中对其他房源的期望值也会大大提升，如果越看越差，就会产生巨大的心理落差，甚至可能产生到其他中介去看看的想法。

3. 先看最差的，再看最好的。

点评： 第一套就非常差，客户会对经纪人的推介能力产生怀疑，同时也会影响到接下去看房的心情。在这种负面情绪的影响之下，客户对其他房子的好感也会相应下降，同样也会产生到其他中介看房的想法。

情景解析

看房之前房地产经纪人要事先安排好带看路线，而这个路线要以有利于成交、有利于避开竞争对手为依据来选择。研究表明，最理想的看房顺序是"一般的——最好的——最差的"。因为人总有一种心理，最开始和最后面总是会提高注意力，但是对中间的部分则会放松警惕。因此，这个排序会对客户产生心理影响，从而使其最终选定最好的那一套，也就是你准备主推的那一套。

当然，房地产经纪人不可能一直按照这种顺序带看，要根据情况区别对待，总体

要以快速成交为指导，在选择带看顺序时应以尽早促成交易为原则。比如，为了避开竞争，应该先带客户去看有钥匙的房子、同事正在带看的房子、容易约到业主的房子等，以免让客户到其他中介公司看房。

✅ 正确应对示范1

经纪人："王先生，我手头有两套符合您要求的房子，一套是××小区 B 栋七楼的单元，还有一套是××花园五楼的单元。七楼这一套房子我们有钥匙，我现在就可以带您去看；五楼这套房子我等会约一下业主，争取让业主明天早点过来开门。您看如何？"

点评：房地产中介行业竞争激烈，中介店面鳞次栉比，在隔壁就有房产中介的情况下，经纪人一定要审时度势、当机立断，首先要让客户有房子可看，否则，客户极有可能就会走进隔壁的中介了。

✅ 正确应对示范2

经纪人："张小姐，我现在手头有两套符合您要求的房子。一套是××小区 B 栋七楼的单元，另外一套是××花园 16 栋六楼的单元。您现在方便的话，我可以立即打电话让××小区 B 栋七楼的业主过来开门，您看怎么样？"

客 户："好吧。"

经纪人："张小姐，不好意思，业主家离这里有一小段路，大概要等半个小时。不如这样，我现在先带您去看一下小区环境，您看如何？"

点评：客户向你询问房源时，带有极大的随机性，如果手头有房源的话，就一定要在第一时间安排客户看房，否则，机会一旦错失，客户回头的可能性就微乎其微了。同时，绝对不能给客户独处的时间，客户一闲下来，就有可能左看右看，说不定就此走进旁边的中介店了。本案例中，经纪人利用等待的时间向客户介绍房源周边情况，而不让客户在门店干等，就是一种非常明智的做法。

情景39：看房时，业主向客户（客户向业主）偷偷递纸条

 错误应对

1. 当场喝止这种行为，并且夺过纸条。

点评：不管遇到什么样的状况，作为服务行业的从业人员，还是要顾及客户、业主的面子的。这种做法是对客户或者业主不尊重的一个表现，递纸条的一方很可能会恼羞成怒。

2. 装作没有看见。

点评：作为一名专业的房地产经纪人，一定要懂得时刻维护自己的利益，这种不利于自身工作的行为要立刻禁止。否则，客户或者业主就会觉得你是个软柿子，跳单的可能性就会陡然增加。

3. 认为客户已经签了看楼书，递个纸条无关紧要。

点评：有些刻意想跳单的人，在签看楼书前肯定就有所准备，他所签署的看楼书里的姓名等资料都有可能是假的。所以，一发现这种不利于经纪人工作的行为一定要立刻制止。

 情景解析

在看房过程中，业主向客户递纸条（或者客户向业主递纸条）的情况屡见不鲜，这在二手房交易中已经不是什么新鲜的事儿了。任何一方有这种行为，就说明他想

跳过中介私下交易。为了维护自己的利益，房地产经纪人要懂得巧妙处理这种棘手的问题。如果当场戳穿，就一点成交的机会也没有了，所以在制止过程中一定要顾及双方的面子，可以软硬兼施，先用公司规定"不允许买卖双方在签约前互留电话"为由拿过纸条，继而透露自己的苦衷，比如做中介很不容易、请他们尊重自己的劳动成果等。

人们常说："与其补救与已然，不如防范于未然。"无论怎么顾及双方的面子，当场拆穿"递纸条"这一行为总是有些不妥，所以应该要做好事先防范工作。比如告诉业主买家是自己的朋友，防止业主递纸条；或者告诉买家业主是自己的亲戚朋友，防止买家递纸条。此外，还要防止双方在握手时递纸条、买家故意扔纸条在屋内给业主等。总之，带客户看房的整个过程中，房地产经纪人都要提起十二分精神，眼观六路耳听八方，把防范工作做到极致。

还有一点需要注意，当其中一方向另外一方递纸条时，可能另一方根本没有私下交易的意图，所以房地产经纪人在制止过程中一定要注意保护没有跳单意图的这一方，以免他受到无谓的牵连。

✅ 正确应对示范1

（事前防范）

经纪人："吴小姐，等会我们上去看的这套房子的业主是我好朋友的亲戚，他人挺好相处的，也非常诚信。"

经纪人："张先生，等会来看房子的那位客户是我好朋友的同事，他为人挺好的，也非常诚信。对了，看房的时候最好不要有太多家人在场，以免显得太过拥挤，这样比较不利于成交。"

点评：防范于未然的做法一定要是双向的，因为你不知道递纸条的是业主还是客

户。提醒时，话不能说得太过直白，否则会让客户或者业主误认为你觉得他不够诚信。

✔ 正确应对示范2

（事情发生后巧妙制止）

经纪人："王先生，您可能不太了解，在正式签约前，您和刘先生暂时还不能成为好朋友，因为公司规定不允许买卖双方在签约前互留电话。只要一成交，我相信刘先生是很乐意和您做朋友的。王先生，您能把手中的东西先让我保管吗？"

经纪人："王先生，刚才实在不好意思，我知道您没有恶意，但您也知道，我们做中介的也很不容易，到处找房子、陪客户看房子，就是为了这一点佣金，还希望您能理解。刘先生是我的老客户了，价格方面我一定会尽量帮您去谈的。"

点评：发现双方有私留联系方式的行为一定要即刻制止，但是话一定要说得委婉，不能让递纸条的一方当场勃然大怒。事后，还可以向其表示一下歉意，以激发他的愧疚心，并且打消其跳单的念头。

✔ 正确应对示范3

（事后控制）

经纪人："王先生，您等会儿和我一起走吧，我想和您谈谈今天看房的情况。"

经纪人："刘先生，那我们先走了，王先生会回去考虑考虑的。有什么情况我会打电话给您，谢谢您今天抽空来开门。"

点评：带看楼的整个过程经纪人都应时时警惕，不能给买卖双方单独相处的机会。同时，要很明确地表示自己是买卖双方的中间人，会负责他们之间的联系与沟通，这样，只要不是故意跳单的，也不至于再难为经纪人。

情景40：如何避免业主和客户当场谈价格

 错误应对

1. 直接告诉买卖双方，公司规定看房当场不能谈价。

点评： 在关系到买卖双方切身利益的情况下，经纪人用公司规定来防止买卖双方当面谈价格就显得苍白无力了。而且客户会认为你不信任他们，从而对你产生不满。

2. 用看楼书及委托书提醒买卖双方私下交易的后果。

点评： 给买卖双方"打预防针"是为了避免他们在看房过程中谈价，但是如果一开始就以这种条款来约束他们，他们会认为你对他们不够信任和尊重，从而对你产生不满。

3. 只给其中一方"打预防针"。

点评： 业主和客户都有可能会在当场谈价，房地产经纪人若只给其中一方"打预防针"，而另外一方却趁机谈价议价，同样会影响销售。为了维护自己的劳动成果，房地产经纪人必须做好充分的防范。

 情景解析

所谓"打预防针"，就是先同买卖双方沟通，告诉他们在看房过程中应该注意的相关事项，包括看房当场不能谈价、不要对房子表现出过多的喜欢或不满、双方不能互留名片或联系方式等。其中最重要的是防止业主和客户在看房过程中私自谈价，双方一旦谈不拢，很可能争得面红耳赤，破坏原本和谐的氛围；若是双方谈拢了，就可能跳过中介私下进行交易。无论哪种结果都是房地产经纪人不愿看到的。

看房前，房地产经纪人应先分别给客户和业主打电话，告诉他们相关注意事项。表达的时候要表示出自己是站在他们的立场上为他们考虑的，告诉他们在现场直接谈价可能产生的不良影响。为了增加说服力，可用例证法，引用其他类似的真实案例，让客户有一个更加真切的认识。

正确应对示范1

经纪人："王小姐，今天上午十点我带客户上来看您的房子，您直接在楼上等我们就行。"

业　主："好的，你们到了直接上来吧。"

经纪人："对了，有件事我想和您说一下，这位客户嘴巴很厉害，非常善于压价。上次带他去看房，当场就同业主砍价，结果搞得双方不欢而散。一会儿看房时，如果他问您这套房子多少钱，您就同他说已经交给中介了，让他直接同我谈就可以了。毕竟我们在谈价这方面的经验多一点，比较好控制。到时候我一定为您争取到一个好价格。"

业　主："好，谢谢。"

点评：看楼前提醒相关注意事项时，一定要注意自己的语气、语调和说话方式，要让对方觉得你是站在他的立场上、为了维护他的利益而努力。这样，既可以拉近与对方的心理距离，更可以取得超预期的良好效果。

正确应对示范2

经纪人："王先生，今天下午三点我在××小区旁边的便利超市等您，然后再带您上楼。"

客　户："好的。"

经纪人："对了，有一件事我想跟您说一下，这个业主很精明，您看房的时候最好不要表现出对房子很满意的样子，也不要同他谈价钱。上一次我带来的一位客户很喜欢这套房子，就直接同他谈价钱，业主看出这位客户很喜欢房子，死活不肯降价，使得后面我们的谈价工作非常艰难。所以，您看完房子后，有什么想法可以跟我提，我会尽量帮您争取一个合理的价钱的。"

客　户："谢谢提醒，下午见。"

点评：以"业主不好议价"为由给客户打预防针，并辅以之前客户的失败案例，就更容易让客户信服，从而避免了当场议价行为的发生。

情景41：不知如何防止客户看房后回头找业主

 错误应对

1. 客户离开自己的视线后便离开。

点评：部分有心回去找业主的客户，会在某个地方等待几分钟，待你离开之后便折回。所以在看完房送客户走时一定要送他上车，看着客户坐车离开后自己再离去。

2. 认为客户签了看楼书便不予防范。

点评：看楼书只是带客户看房的规范要求，是用于防止客户私自与业主交易或与其他中介交易的，并不能防止客户去找业主。

 情景解析

很多人都认为二手房中介的佣金太高，便不太愿意支付，甚至有些客户从一开始就刻意要逃避中介费。他们往往会抓住看房这个机会与业主沟通，企图绕开中介私下交易。他们在看房的过程中碍于房地产经纪人无法与业主交流，更多地选择在看完房子后立刻回头找业主。所以，房地产经纪人要把防范的重点放在客户身上，而不是放在业主身上。

有些房地产经纪人为了避免这种事情发生，会刻意留下来同业主交谈，其实这种做法是错误的。因为客户在离开之后很可能会到其他中介看房子、问价格，如果其他中介开出的价格较低，那就得不偿失了。最好的办法是陪同客户下楼，把客户送上车直至离开；或者在与客户告别或闲聊的时候，暗示客户自己还会待在这里，防止客户回头来找业主；或者看房前就暗示客户这位业主是自己的朋友，打消客户私下与业主交流的想法。

送走客户之后，为了以防万一，自己不能急于离开，而应该在小区逗留 10 ~ 15 分钟，防止比较执着的客户回来找业主。你也可以利用这段时间与小区保安闲聊，顺便打探情况，了解最近是否有其他中介带客户来看这套房源，以掌握竞争对手的情况。

✅ 正确应对示范1

（防止客户折回）

经纪人："张小姐，您觉得这套房子怎么样？"

客　户："朝向不是很好，感觉屋内有点暗。"

经纪人："您觉得屋内有些暗是因为今天是阴天，所以光线比较不足。如果是晴天的话，把窗帘拉开，屋里还是非常明亮的。如果您有兴趣，我们可以挑个天气好的时候再过来。"

客　户："还有没有其他房子推荐？"

经纪人："有的，这附近还有一套。要不我们先到店里坐一下，喝口茶，我和业主约一下，好吧？"

客　户："哦，现在我还有事，您约好时间后再和我说吧。"

经纪人："好的，和业主约好时间后我和您联系。我就不送您了，等会还有位客户要来看这套房子，我得在这儿等他。"

客　户："好的，再见。"

点评：有心要私下联系业主的客户会佯装对房子不满意，待经纪人放松警惕后，再折返回来。精明的经纪人可以迂回地暗示客户这套房子人气很高，马上还有客户过来看，自己要就地等他，这样就能有效地防止客户折回来找业主了。

⊘ 正确应对示范2

（遇到客户折回欲找业主）

经纪人："咦，王先生，这么巧，怎么您也有东西落在上面吗？我都走到车站了，才发现自己一个文件落在了刘先生家里。您把什么东西忘了呀？"

客　户："没有，我只是想回来看一下小区的环境。"

经纪人："我对这个小区很熟悉，正好我现在也没事，不如我陪您看看吧，顺便向您介绍一下这个小区。"

点评：客户试图私下联系业主的行为暴露后一定会非常尴尬，针锋相对的指责会让客户恼羞成怒，而找个借口让客户相信自己并非在故意等他，则会让他心生愧疚。之后，再针对客户的说辞见招拆招，坚决不能给客户任何私自接近业主的机会。

没有卖不出去的房源

第五章

情景42：靠近马路，太吵了

 错误应对

1. "只是白天比较吵，晚上就不会了。"

点评：这样的解释是徒劳的，因为你已经承认确实很吵。

2. "这条路车辆不是很多，不会很吵。"

点评：这样的回答一定要建立在实事求是的基础之上，否则，客户会认为你有意欺骗，从而对你失去信任。

3. "虽然比较吵，但是价格比较便宜。"

点评：这是用负正法来帮助客户分清主次，同时，要告诉客户环境吵闹这个缺点是可以通过一些措施来补救的，可以教客户降低噪音的一些小方法，这样一来该缺点就不是个大问题了。

4. "照样有很多人住在这里，您住一段时间就习惯了。"

点评：这是一种非常错误的应对方法，客户如果对这套房子不是特别满意，自然不会委屈自己去习惯噪音。

情景解析

房源如果靠近马路，大部分客户的第一反应都是怕很吵，会影响自己的正常生活。靠近马路的房子相对小区内侧的房子来说必然会有一些噪音，房地产经纪人不需要极力否认，而应该有技巧地承认并且使客户相信这不是无法弥补的缺陷。

首先要告诉客户，这个缺点只要通过一些小小的改造措施就能补救。比如只要安

装双层隔音玻璃（最好向客户推荐一些有较强隔音功能的玻璃窗），把窗户一关，就可以把大部分噪音挡在窗外，再也不用为噪音的原因烦恼。如果马路边上有绿化带，也可以将其作为说服客户的工具，向客户表示绿化带有降低噪音的功能。

其次，利用负正法来帮客户分清主次。靠近马路的房子一般价格也比较低，通常比不临路的同户型的房子便宜好几万元，而且视野比较开阔，采光性相对来说也比较好。在向客户分析的时候，最好用具体的数字来刺激客户，比如内侧的房子每平方米30000元，这一套只要27000元，以90平方米的面积来计算，足足可以省下27万元。如果客户是打算投资，那么更要着重强调价格优势，以低价取胜。

✅ 正确应对示范1

（针对自住的客户）

客　户："房子就在马路边上，太吵了。"

经纪人："王先生，其实这条路的车流量不大，也不会有大型车经过，我们平时白天都在公司上班，晚上回来的时候就安静了很多。如果您还是怕吵，我建议您安装双层隔音玻璃。我一个客户也买过靠近马路的房子，他在装修的时候请师傅安装了这种玻璃，窗户一关，就基本上听不到外面的噪音了。"

客　户："能行吗？"

经纪人："没问题的，我可以问一下那位客户，看他装的是哪种隔音玻璃。而且，您也发现了，这套房子价格比其他房子便宜了好多，就是因为它在马路边上。就拿同小区来说吧，这套房子比小区内侧的房子便宜了足足10万元，非常划算。况且，这套房子还在九楼，视野非常好，采光也一流，总的来说，性价比还是非常高的。"

点评：没有任何一套房子会是十全十美的，关键是看经纪人如何推荐。经纪人要善于用房子的优点来弱化客户关注到的缺点。同时，如果你能帮助客户找到一些补救该缺点的方法，客户就会感觉到你的诚意，购买的欲望也会大大提高。

正确应对示范2

（针对投资的客户）

客　户："房子就在马路边上，太吵了。"

经纪人："王先生，您不是想买来出租吗，那这套房子是再适合不过了。正因为路边比较吵，所以业主开的价格也很低，每平方米比小区内侧的房子低了 2000 元，按 100 平方米的总面积来算，您足足省下了 20 万元，经济实惠，何乐而不为呢？"（强调价格优势）

客　户："租房的人嫌吵怎么办？"

经纪人："这个您不用担心，只要安装双层隔音玻璃，让他们把窗户一关就可以了。租房子和自住不同，只要您租金合理，租户一般不会在意这么多问题的。您以这么低的价钱买进来，先出租几年，等房价涨了，您一转手就是一笔很可观的收入。"

点评：经纪人一定要摸清客户的购房动机，这会对你推介的方向起着引导性的作用。

情景43：不喜欢单体楼，没绿化也没配套设施

错误应对

1. "单体楼就是这样的。"

点评：这样回答等于直接承认了客户所说的缺点。而且，这种说话的口气还容易让客户认为你觉得他孤陋寡闻，心里肯定会不舒服，性格不好的客户甚至会因此动怒。

2."虽然没什么配套设施，但是有一个平台花园。"

点评：这无异于客户想要一份燕窝你却端来一碗粉丝，说反正看起来差不多、吃起来也差不多一样。这种应对缺乏应有的说服力，无法化解客户的异议。

3."这种房子最容易出手了。"

点评：这种回答意思太模糊，很容易让客户觉得你是在敷衍，根本无法消除客户对没有绿化也没有配套设施的疑惑。

4."要不我带您去看小区房？"

点评：这样的回答是对客户说法的肯定，是对自己推介方向的否认，也是对到目前为止自己所做一切努力的否定。客户会觉得你做事没有原则性，甚至会在之后的看房、交易过程中更加不信任你。

 情景解析

客户在看单体楼时，比较难以接受的就是缺少绿化和配套。因此，在化解该异议时，房地产经纪人最好用单体楼的其他优势来弥补这个不足，引导客户朝着有利于销售的方向走。首先，单体楼虽然没有绿化，但是一般会有一个平台花园；单体楼建筑面积有限，没有生活配套设施，但是一般都处于成熟的配套区域中，出门就可打车、坐公交，下楼就可以逛商场，能真正享受城市的商业配套，非常适合工作较忙、应酬多的人居住。

单体楼除受一小部分在市中心上班的人青睐外，更多的是被买家买来出租投资。单体楼通常是商住两用，买来后出租给小公司办公用，或者租给收入较好的白领，受很多投资者的关注。对于以投资为主的客户，应着重强调此处楼盘的先天稀缺性，把房子的升值空间和前景展现出来，让客户把注意力转移到价值上来。

以上所述主要针对的是处于繁华地段的单体楼，如果开发商把楼盘定位于中低档次，而且地段较偏，那么它最大的优势就是价格。当客户提出环境或配套不足的异议时，最好用价格优势来帮助他们分清主次。

 **正确应对示范1**

（针对以自住为主的客户）

客　户："这里没有生活配套，也没有绿化。"

经纪人："是的，王先生，单体楼的绿化确实差了点。不过，这个小区当初在规划设计时就充分考虑到了这方面的不足，特意在顶楼设计了一个平台花园，等会我带您上去看看，那里视野很开阔，空气也很好，周末上来看看风景是个很不错的选择。至于生活配套，您不用担心，这个地段您也知道，交通便利，周边就是繁华的商业圈，下楼就可以逛商场，非常方便。"

客　户："这个地方噪音也比较大。"

经纪人："王先生，您和您太太都是上班族，一般白天的时间在公司，噪音对你们的影响并不大，而且这套房里安装了双层隔音玻璃，并不会太吵。更重要的是，这个房子的设计非常考究，挑高4.9米，您可以自己搭建为跃层，增大了房屋的利用空间。原本50平方米的房子，相当于90平方米的面积，非常划算。"

点评：任何房子都不是十全十美的，有自己的劣势但同时也都有自己的优势。经纪人就是要摸清客户的真正需求，用房子的优点去弱化客户正在关注的缺点。

 **正确应对示范2**

（针对以投资为主的客户）

客　户："这里没有生活配套，也没有绿化。"

经纪人："这座楼的顶楼有一个平台花园，等会我带您上去看看，那里视野很开阔，空气也很好，周末上去看看风景是个很不错的选择。虽然这里没有自己的配套，但是位于市中心，周边市政配套十分完善，银行、超市、酒店都在附近。"

客　户："正因为这个地段太好，所以更适合出租，自己住的话就有点划不来了。"

经纪人："从您这句话我就看出您是个行家，您说得太对了，这儿商业繁华，非常适合出租给公司办公或者收入较高的白领，而且租金很可能都超过月供款。"

点评：无论房子本身条件如何，只要能够满足客户的需求就是好房子。经纪人只有抓住了客户的这一种消费心理，才不会偏离了重点推介的方向。

情景44：位置太偏了，我还是想住在繁华点的地方

❌ 错误应对

1. "这个位置都叫偏，您想要多繁华的地方？"

点评：作为房地产经纪人，在跟客户、业主交流时忌用反问句，因为反问句容易让人听出讥讽的意味，不仅对化解异议没有任何帮助，而且容易引起客户的不满。

2. "不会啊，这儿怎么会偏呢，其他客户都没这样说过。"

点评：拿其他客户来说事，似乎有责怪客户的意思，暗示客户太过挑剔，容易引起客户的不满。

3. "就是因为比较偏，业主开的价才会这么低。"

点评：用价格优势来弱化位置偏这一劣势的做法没错，但是却用错了表述方式。这种"因为……所以……"的句型等于直接承认了房屋地段差这一缺陷，减弱了低价格带给客户的吸引力。

情景解析

带客户去看房时，通常客户最先感受到的是房源的位置，也就是房子所处的地段。如果房源所处位置确实太过偏僻，周边比较冷清，当客户提出来时，房地产经纪人千万不要一味地掩盖，也不要试图编造一些并不存在的优点来欺骗客户。客户不是傻瓜，只要仔细观察他们都很清楚房子的缺点在哪里。但是，贸然地直接承认这一缺点，会使得这一缺点在客户心里被放大，对销售十分不利，最好的办法就是用"负正法"来帮客户分清主次。

所谓"负正法"，就是先说出产品的缺点，然后再针对这个缺点进行分析说明，以证明这个缺点并非不可弥补。利用该方法的关键是要懂得分清主次，对一些重要的信息，比如房源的优点、好处，可以进行详细的阐述；而对一些房源的缺点、不足，则应作简单陈述，而且陈述时必须注意技巧。

"小区的环境很好，就是偏僻了点。"

"小区虽然相对偏僻，但是环境很好。"

以上两种说法只有细微的差别：第一句是先说优点再说缺点；第二句是先介绍缺点再说优点。很显然，第二句更能让客户接受。心理学家认为，在谈话的过程中，人们更容易注意"但是"后面的内容。如果先说缺点再说优点，那么缺点会被缩小，反之则放大。因此，在推介房屋的时候，最好能遵循"缺点→优点"这一顺序，有技巧地说出房屋的缺点。

有一点要注意，在表述房屋缺点的时候，不要重述客户的话，最好用一些词语来修饰或者代替，让这个缺点显得不那么严重。例如客户表示房子面积太小，那你最好用"虽然这套房子的面积不是很大，但是……"这种"杀伤性"较弱的语言来回答。

✅ 正确应对示范1

客　户："这房子位置太偏了，我还是想住在繁华一点儿的地方。"

经纪人："的确，这一带不是那么热闹，但是也有客户认为这里安静，很适合孩子学习和家人休息。更重要的是这儿的房价低，就拿离这里不到500米的××小区来说吧，房价比这高了500元/平方米。您想想，100平方米的房子，足足省了5万元，您说值不值？"

客　户："我买个东西都不方便。"

经纪人："王小姐，这一点您不用担心，出了小区门口，直走100米就有一个菜市场，旁边还有一个便利超市，买东西很方便的。"

点评：在听他人讲话时，一般人都比较注重"但是"后边的内容，所以，经纪人一定要善于表达"但是"后边的房源优势。

✅ 正确应对示范2

客　户："这房子位置太偏了，我还是想住在繁华一点儿的地方。"

经纪人："张小姐，您说得没错，这个位置是有点偏僻，周边也没有市中心那么繁华，但是它胜在小区环境好。这个小区在绿化、生活配套方面做得非常好，绿化率达到了45%，现在市区里的楼盘基本上达不到这个标准，而且小区里还有室内活动场所、儿童游乐区、篮球场。我看您也是个非常注重生活品质的人，下班的时候可以和老公、孩子在楼下散散步、打打球，呼吸新鲜空气又锻炼身体，这样的生活多好啊！"

客　户："可是周围什么店都没有，我去哪买东西？"

经纪人："这个您不用担心，您不是自己有车吗，往××路开不用十分钟就有一个大型超市，附近可热闹了，服装店、餐饮店、美容店都有。小区里也有一个便利店，一般的生活用品您都可以从那里买。"

点评： 客户买房子时总希望能跟自己的预期完全相符，所以往往会更容易注意到房子的缺点。这个时候，就是经纪人发挥自己作用的好时机。经纪人应该通过自己的话术，引导客户多朝着有利的方向思考，这样就可以成功地将其注意力转移到房子的优势上来了。

情景45：小区环境是不错，可是周边太杂乱

 错误应对

1."这里是郊区，市政规划确实不如市中心好，但也不是很杂乱啊。"

点评： 这样回答只是否定了客户的说法，并没有对客户的异议作出任何解释说明，无法达到说服客户的目的。

2."可是这里便宜啊。"

点评： 拿价格优势来弥补其他缺点确实是一个被经常用到的办法，但是一定要注意表达方式，否则客户会觉得在你眼里他就是个贪图便宜的人，从而对你心生厌烦。

3."旁边的建筑迟早都要拆迁重建，那个时候就不会杂乱了。"

点评： 用未来的规划来化解当前的异议是一个非常好的做法，但是表达的时候要专业一些，最好引用专家看法或市政规划图这些证据来作为支持，这样才更具说服力。否则，客户会认为你是为了敷衍他而信口雌黄。

情景解析

一般来说，郊区楼盘的市政配套会相对落后一些，尤其是有些小区旁边因为没有规划而显得比较杂乱，这是一个不可避免的缺陷。

针对这一问题，房地产经纪人同样要用"负正法"来帮助客户分清主次。通常在远郊的小区都是以规模取胜的，社区规模都比较大，因此，房地产经纪人可以从小区规模上入手来引导客户。比如虽然周边市政设施不完善，但小区内配备了较为完善的生活设施，而且物价较市区而言相对较低，能够为业主节省不少日常生活开支。

如果该小区位于规划区内，附近的建筑会在未来几年内大规模拆迁重建，那么可以此为理由来说服客户。最好用一些生动的语言向客户描述一下这里几年后的景象，如要建公园、高档小区、大型超市等，让客户产生美好的想象。

✅ 正确应对示范1

客　户："小区环境是不错，可是周边环境很杂乱。"

经纪人："王先生，您放心，虽然现在周边很杂乱，但这种情况只是暂时的。这片区域属于新城规划区，未来五年里，边上的建筑都会拆掉重建，这里将成为一个新的住宅区，其他市政配套也会得到相应完善。"

客　户："真的？"

经纪人："这个我怎么能骗您呢，房产报上都有报道，您可以回去查一查。而且正是因为目前周边环境和配套不好，所以它的价格也很低，每平方米才10000元，比市中心的房子便宜了上万元。这套房子总面积120平方米，算起来足足能便宜一百多万元呢。"

客　户："可是住在这里日常生活也不方便。"

经纪人："王先生，您不用担心，等会儿我带您在小区里转一圈，您就会发现这里'麻雀虽小，五脏俱全'，理发店、便利店、快餐店都有。还有一点非常好，就是这里物价也比较便宜，您将来在生活花费这一块可以节省不少钱，非常经济实惠。"

点评：经纪人通过专业的、有事实依据的前景分析，给客户描绘了一幅美好的生活场景，具有极大的说服力，价格等方面的绝对优势也会让客户心理上的天平慢慢的倾向于有利于你的这一边。

✅ **正确应对示范2**

客　户："小区环境是不错，可是周边环境很杂乱。"

经纪人："王先生，您买房是打算投资，对吧？您也知道，买房投资最看重的就是房子的升值能力，这里虽然现在很杂乱，但是正在拆迁进行旧城改造，根据规划，五年内这附近的建筑肯定都会拆掉重建的。您知道城西的××花园吧？几年前和这里差不多，才8000多元，可是现在涨到15000元了，投资回报真的是非常可观啊。"

客　户："那这里现在多少钱？"

经纪人："每平方米10000元，比市区便宜了近万元。这套房子面积120平方米，总价比市区的房子足足便宜了一百多万元啊。买来后您可以出租，租金就抵按揭款。几年后，房价涨了，您一转手，就是一笔很可观的收入。还有，您不必担心出租问题，像这样的房子，只要租金合理，会有很多人喜欢的，最近就有不少客人问我这套房子要不要出租呢。"

点评：对于以投资为目的的客户，价格优势、升值潜力才是他真正关注的因素。经纪人可以适当地强调这些方面的优势，这样客户注意到的缺点也就被成功弱化了。

情景46：一梯四户？太拥挤了，坐电梯都要等半天

❌ **错误应对**

1."不会啊，您避开上下班高峰期就好了。"

点评：这样回答不光肯定了客户"电梯难等"的看法，而且是在提醒客户上下班高峰期时间段更难等，容易起到相反的效果。

2."我手里还有一梯两户的房子，一梯一户的也有，您要看看吗？"

点评：这种应答是故意拆客户的台，有意让客户难堪，这会损害客户的自尊心，肯定会给销售制造阻碍。

3."是吗？我觉得还好啊！"

点评：这样的回答说了等于没说，不该是一名专业的经纪人该有的态度。

 情景解析

一梯四户的电梯房，电梯比较难等是它最大的一个弊端。住过电梯房的客户都知道，遇到早晚上下班高峰的时候，都是排着队等电梯，非常浪费时间。但是一梯四户的一个明显优点是就公摊低，较一梯两户、两梯六户的设计更实惠。因此，在化解异议的时候，应从公摊方面入手：公摊面积变小，需要支付的总房款和物业费都会相应降低。经纪人可以在客户面前当场算一下实用面积和套内单价，与一梯两户或一梯一户的房子进行对比，凸显这种房子在价格上的优势。

如果这套房子楼层不高，处于六层以下，可以建议客户在上班出门的时候走楼梯，正好可以锻炼身体；或者建议客户提早十分钟出门，以避开高峰期。

✓ 正确应对示范

客　户："一梯四户？太拥挤了，坐电梯都要等半天。"

经纪人："王先生，说实话，一梯四户相对于一梯两户、两梯六户来说，电梯是比较不好等。但是，它的公摊面积也要比一梯两户的小。同样是120平方米的房子，通常情况下，如果一梯四户的实用面积是110平方米，那么一梯两户的实用面积可能就只有100平方米。不但实用面积比一梯两户的大，而且价格也会比一梯两户的低不少。"

客　户："下班的时候还好，多等一会儿电梯无所谓。但上班的时候这样等，每天都有可能会迟到。"

经纪人："王先生，您的这套房子在六楼，楼层不高，您可以每天提早五分钟出门，走走电梯，锻炼一下身体。您平时工作忙，可能没有什么时间锻炼，刚好趁着这个机会活动一下筋骨，这也是个不错的选择。"

客　户：（仍旧有些顾虑）

经纪人："还有一点我差点忘了说，公摊面积减少了，每个月需要交的物业费也就相应减少。我们现在都会提醒客户在做购房预算的时候要考虑到物业管理费这个问题，毕竟长年下来，这也是笔不小的开支。"

点评：任何事物都有两面性，房子的缺点从另外一个方面讲也可能就成了优点。经纪人就是要运用适当的话术，将客户向积极的方面引导。

情景47：小区配套设施太少了

➡ 错误应对

1. "我觉得还可以啊，不但有个篮球场，还有个儿童活动区。"

点评：这样的回答只会让客户觉得你是在敷衍他，对打消顾客的顾虑毫无作用。

2. "这个小区的特色就是经济实惠，配套设施自然比高档小区少。"

点评：主动把小区的劣势同其他小区的优势作比较，是个非常不明智的做法。而且，这样的回答容易让客户听出鄙夷的语气，会损害客户的自尊心，反而给销售造成阻碍。

3. "在同档次的小区里，这里的配套已经算是比较好的了。"

点评：这样的回答等于默认了客户的说法是正确的。

 情景解析

随着人们生活水平的日益提高，对小区中的配套设施的要求也日益增多，比如运动馆、游泳池、棋牌室、会所以及停车场等。但是对于一般小区而言，开发商为了追求利润的最大化，往往无法提供完善的配套设施，只有高档的大社区才能配备齐全。很多客户其实很明白这点，但是他们都会从自身利益出发，把这些当成缺点或讨价还价的筹码指出来。

客户对小区的配套设施表示不满，而且这个缺点已经是个不争的事实，那么房地产经纪人没必要极力否认或者掩盖，可采用定位告知法，表明小区的定位不同，相应的配套也会有差异，把该小区的定位解释清楚了，让客户对小区有一个更为全面的认识。比如，小区最初的定位即普通经济型住宅，开发商节约了配套设施的成本，注重的是房屋的建筑质量，同时也节约了买房人的成本，用房子的价格优势来引导客户朝着对销售有利的方向思考。

正确应对示范

客　户："小区的配套设施怎么这么少？"

经纪人："因为这个小区的定位就是经济型住宅，以经济、实用为主。当初开盘的时候，开发商就打算把钱花在刀刃上，注重的是房屋的建筑质量，因此在配套设施上的投入也就有所减少。这样一来，受益的就是买房的人了，开发商节约的成本直接反映在房价上，在同等规模的小区里，这里的价格是最低的。当时吸引了非常多的人，开盘不到两个月就卖出了七成。"

客　户："这套房子每平方米多少钱?"

经纪人："30 000 元。业主因为公司资金周转不灵,所以急着把这套房子转手,开的价格也很低。以这种条件的装修来看,这个价很合理。"

客　户："那我平时要跑步、打球不是没地方去了?"

经纪人："其实这点您不用太担心,虽然小区里面没有足够大的活动场所,但您可以到附近运动。距离这里 500 米左右有一个公园,您可以在那儿跑步锻炼。傍晚吃完饭后到走到那儿散散步,呼吸一下新鲜空气,也是个不错的选择。"

点评:鱼与熊掌不可兼得,这是谁都明白的道理,买房子也是同样。只是买房置业是件大事,客户往往非常慎重,对房子本身、小区、周边环境等挑剔来挑剔去。作为经纪人,其实就是要利用自己的话术,防止客户的注意力跑偏,合理地弱化客户所指出的缺点,将其注意力往他真正看重的、积极的方面引导。

情景 48:户型不好,浪费面积(不好装修)

❎ 错误应对

1. "这个户型的设计就是这样的。"

点评:这样的回答太过敷衍,客户看不到你对他的任何重视。

2. "怎么会浪费面积(不好装修)呢,这样的设计现在很流行。"

点评:买房子不是买衣服,简单的"流行"是没有办法敷衍得了客户的。

3. "这种价格的房子都差不多这样。"

点评:这样回答首先肯定了"户型不好"这一负面看法,其次容易让客户听出

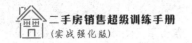

"你出这个价格也就能买这样的房子"的意味，令客户对你产生反感。

4."我还是第一次听到这样的说法，开发商这样设计肯定是有理由的。"

点评：这样的回答是在暗示客户太过挑剔，而且随便拿开发商来搪塞，有敷衍客户的意思，容易让客户不快甚至动怒。

 情景解析

现在大城市寸土寸金，一些开发商为了追求更多的利润，会最大化地利用每一个空间，往往设计出多种户型。有的走道过长，浪费面积；有的户型不方正，不好装修；有的卧室过小，住着不舒服等。关于这些问题，客户没有发现之前，房地产经纪人不要主动提及。当客户发现后，也没有必要掩饰和欺骗，最好是教客户一些改造的方法来弥补原始房型的缺憾。需要注意的是，改动户型可不像普通装修那么简单，原始结构的变动需要较为专业的设计作为指导。所以，房地产经纪人只能向客户传达改善的方法，具体的操作应建议客户找专业的设计师来负责。

在向客户提供改动建议的时候，为了表示其可操作性、增加说服力，可以引用其他客户的案例来进行说明。比如表示自己所接触过的客户就请设计师做过类似的改动，加上实惠的装修，房子立刻焕然一新，效果非常好，让客户觉得这个问题其实并不是无法解决。

✔ 正确应对示范

客　户："这套房子户型不好，走道太长了，真浪费面积。"

经纪人："是的，王先生，这条走道确实是浪费面积。不过，这并不是大问题，其实我们只要稍微改动一下就可以解决这个问题了。"

客　户："哦，怎么改呢？"

经纪人："王先生，您看，这个卫生间是不是比较大？因为这套房子有两个洗手间，所以外面这个卫生间没有必要这么大，我们完全可以把邻近客厅的这堵墙向前移一下，这样客厅就变大了，走道也没那么长了。我看过楼下一户业主的装修，他们就是这么改的，装完以后效果非常好。要不等会儿我们去他们家参观一下？"

客　户："好的，我看看效果，如果真可以那么改，那还是不错的。"

点评：如果客户得知房子的缺点通过小小的改动就可以弥补，那它就不再是阻碍客户买房的因素了。

情景49：户型太大了，不经济实用

 错误应对

1."不会啊，房子大一点住着比较舒服，也更加气派。"

点评：买房子的是客户，作为经纪人，不站在客户的立场上看问题，给出的回答就是敷衍的，丝毫没有说服力。

2."这个户型不算大了，才130平方米，超过150平方米才算大户型。"

点评：这样的回答有暗示客户孤陋寡闻的意味，容易让客户觉得很没有面子。

3."您是个大老板，还考虑这么多啊。"

点评：客户是在考虑房子的实用性，而经纪人却在客户有钱没钱上做文章，不仅对消除客户的疑虑毫无益处，还容易使客户误以为你是在"激将"，使得谈话陷入僵持。

情景解析

客户表示户型太大的时候，房地产经纪人不要急于辩解，而是应该先搞清楚客户

是认为面积太大，还是认为户型设计不合理。只有摸清问题出在哪里，才能有针对性地解释说明。有一点需要注意，客户既然表示"不经济实惠"，说明客户是个比较注重房子本身的实用主义者，在化解异议的时候要抓住"实用价值"这个关键因素。

如果客户认为面积太大，那么房地产经纪人要向客户展示大房子给生活带来的好处：如空间大，且分区明确，能够保障个人隐私，使每个家庭成员有充分的个人空间；适合有孩子的家庭，方便保姆或老人就近照顾孩子；功能齐全，有多个洗手间，还可以拥有专门的书房、衣帽间等。另外，引导客户从长远的利益考虑，讲明小户型只适合作为过渡住宅，如果现在有足够的经济能力，应该选择大户型作为长期居所，一步到位，省掉频繁换房子的诸多烦恼。

如果客户只是认为户型设计不合理、不够经济实用，那么房地产经纪人可以根据客户提出来的意见，相应地提供改善装修的建议，例如客户认为次卧太大，就建议客户在次卧隔一间小书房出来，让孩子学习用；若是客户认为客厅和餐厅相连不好，则可以建议客户在中间设置一个屏风，人为地进行分区；若是客户认为阳台没有必要，可建议客户把阳台封起来当储物间等。当然了，给客户的建议最好要有一定的参考价值，也可以用例证法来增加说服力。

✅ 正确应对示范1

客　户："户型太大了，不经济实用。"

经纪人："王先生，您是认为面积太大了是吗？"

客　户："是的。"

经纪人："王先生，其实这套房子的实际面积才115平方米，只是因为户型方正、布局合理，所以看起来才会显得很大。您是一家三口，这种三室两厅的户型刚刚好：您和您爱人一间卧室，小孩子一间卧室，另外一间您想作为客房或者书房都行，客厅和餐厅当然更是家庭生活中必不可少的空间。"

客　户："现在不是有90平方米左右的三室一厅吗？"

经纪人："现在市面上的确出现了一些90平方米左右的小三居。老实说，以您这样的经济条件，我并不建议您选择小三居。"

客　户："为什么？"

经纪人："王先生，90平方米的房子虽然也有三室一厅，但是由于总面积的局限，每个功能区的空间都很小，容易显得压抑。而且小三居属于过渡住宅，是不适合长期居住的。过几年您的孩子长大了，需要学习的空间，房子太小了就会显得拥挤和吵闹。等那时候再换房子，不仅要再奔波几个月看房，买房后还要装修布置，耗时耗力啊。您现在的经济条件完全能够负担一套宽敞的大房子，所以我才会说这套房子最适合您。"

客　户："那也是，老换房真累人。"

点评：房地产经纪人是客户买房的参谋者，只要经纪人能够站在客户的立场分析问题，客户就愿意接受你的意见或者建议，双方的交流也才能够更加顺畅。

✓ 正确应对示范2

客　户："户型太大了，不够经济实用。"

经纪人："王先生，不好意思，请问您是觉得面积太大了，还是对户型不太满意？"

客　户："户型设计得很不合理，你看这个房间，这么小，只能摆下一张床。"

经纪人："哦，王先生，是这样的，这个房间的最初设计是保姆间，所以面积相对来说就比较小。如果您不需要，我建议您把它改造成一间书房。您是公司领导，平时肯定要处理很多公务，肯定需要一个安静的空间来作为书房，这间房子正好适合。而且，除书房后还有三个卧室，您一家三口足够居住了。"

客　户："书房？好像不错。"

经纪人："是啊，在墙壁上装一面书柜，放您的书和文件，在这里放一个电脑桌，如果您喜欢，还可以在靠窗的地方放一个沙发，这样您办公太晚了，也不会影响您家人休息。"

客　户："嗯，这主意不错。"

点评：面对客户的疑虑，经纪人言之有物的专业级建议会让客户看到房子更多的购买价值。当客户意识到自己担心的问题其实可以解决的时候，买房的欲望也会在瞬间增长。

情景50：户型太小了，不够大气

❌ 错误应对

1. "小户型的房子就是这样，要不您看看大户型？"

点评：这样的回答一是对自己之前工作的否定，使得销售工作不得不重新开始；二是容易让客户听出轻蔑的意味，可能会认为你在讽刺他买不起大房子，继而对你产生不满。

2. "可是小户型总价便宜啊。"

点评：这样的回答相当于说花这么少的钱就只能买这么小的房子，不仅毫无说服力，还容易让顾客对你产生不满，影响进一步的沟通和交易。

3. "不会啊，小户型也可以很大气。"

点评：这种说法太过笼统，并没有告诉客户怎么才能克服"不够大气"这个不足，无法及时化解客户的疑虑。

情景解析

一般来说，房地产经纪人都会先与客户沟通过后，然后按照其要求匹配房源，之后才现场带看。然而很多客户对房子的面积和空间没有一个具体的概念，往往会把70平方米左右的房子想象成90平方米的空间。因此，在看到房子时，会感觉有很大的落差，尤其是一些好面子的客户，会提出小户型不够大气这样的异议。既然客户的预算就是只能购买这种面积的房子，那么房地产经纪人不要轻易转向介绍大户型，而应该改变客户的观念，让他们认识到小户型也可以有大气的一面，而且非常经济实惠。

最常用的方法是建议客户在装修上多下点工夫。比如把客厅和餐厅之间的墙壁打通，起到延伸视线的作用；在客厅的墙壁上装两面大镜子，同样可以有延伸视觉的效果；或者买小一号的家具，占用较少的空间等。

现在购买小户型的多为首次置业、中等收入的年轻人，他们购买小户型的主要原因还是其诱人的低价。因此，可用小户型的经济实惠来打动客户，替客户计算购房费、税费、物业管理费、装修费等各项费用，这些费用主要都是依据建筑面积来核算的，向客户表示小户型不但会减少目前的购房费用和经济压力，而且会使他们的后期养房费用降低。此外，还可向客户灌输一个"小户型等于过渡住宅"的观念，表示这只是作为首次置业的过渡住宅，等以后经济水平提高，二次置业的时候便可购买大户型，这样就会减轻现有的经济负担。如果小区有会所，可以建议客户在漂亮的会所招待朋友，体面又舒适。

也有些客户是多次置业的投资者，他们倾向于在商务中心区及其边缘购买房价适中的中档楼盘，期望用较低的投入获得较高的回报。他们提出此类异议，通常是想借此压低房价，对于这种客户，同样可以给他们提供一些装修建议，再用小户型的低总价和未来升值潜力来说服对方。

正确应对示范

客　户："户型太小了，不够大气。"

经纪人："王先生，我能理解您的感受。之前有个客户在我这里买了套差不多面积的房子，起初他也和您有同样的疑惑，但是买下来之后，通过一些简单的装修和调整，他现在对自己的房子非常满意，而且一点儿也不小气，他的朋友都说买得值。"

客　户："他是怎么装修的?"

经纪人："您之所以觉得不够大气，是因为这个客厅显得比较小，对吧?"

客　户："对。"

经纪人："其实很简单，您可以把客厅和餐厅中间的这道墙打通，这样客厅的空间就变大了，看起来一点儿也不小。"

客　户："不好吧，这道墙还是要的，在客厅吃饭显得不雅。"

经纪人："如果您不喜欢也没关系，在客厅墙面上装一面大镜子，这样视觉效果就像是大客厅一样。还有，我们年轻人讲究精致，根本不需要买多大的沙发，摆一些比较有个性的椅子，既美观又省空间。"

客　户：（表示很满意）

经纪人："王先生，老实说，现在很多像您这样的年轻人找我买房，我都推荐他们买这种小户型。因为它不仅实惠，而且实用。现在买房不仅仅考虑到总价，还要考虑到税费、装修费、物业管理费还有其他相应的费用，这些都是依据建筑面积来算的。我们正是创业的时候，小户型只是作为过渡住房，完全可以等过几年经济条件好了后，再买一套大房子享受生活。"

客　户："你说得对，我一个同学在××花园买了套130多平方米的房子，现在每个月的房贷都压得他喘不过气来。"

经纪人："是啊，现在正是创业的时刻，不应该让房子成为负担。现在这样的小三居非常抢手，早上在店里您也看到了，很多客户都在找类似的房源，如果不及早下定，恐怕别的客户就会先定了。"

点评：大而化之地说房子小但是便宜是无法消除客户顾虑的，细致到税费、物业管理费等方面的分析才能让客户看到你的诚意和努力，才能更容易被你说服。说不定他还能因此而成为你的忠实客户，等他有能力换房时还来找你。同时，适当营造热销的气氛也可以帮助客户及早下定购房的决心。

情景51：我不喜欢朝北（朝西）的房子

 错误应对

1. "如果朝南，那价格可就不会这么便宜了，每平方米要贵好几百元呢。"

点评：话虽然在理，但是会让客户听了心里不舒服，会觉得你瞧不起他，从而对之后的推介造成负面影响。

2. "我们这是南方，朝北的房子没什么区别的。"

点评：客户不喜欢朝北的房子，肯定有他的道理，在没有对此有一个清楚的了解之前，就试图轻描淡写地消除客户的疑虑，肯定是行不通的。

3. "没关系，要不我们去看看另一套朝南的房子吧。"

点评：这是完全被客户牵着鼻子走的消极做法。对于客户的异议，首先要给予一定的正面回答；如果客户到最后还是不能接受，再为客户提供另外的选择也不迟。

情景解析

买房不单要看户型，还要看朝向。朝向也是衡量房屋优劣的重要指标，它不但影响采光，而且影响通风。同样的户型，好的朝向会大大提高房屋的居住品质、改善住

宅室内环境，对居住者的身心健康十分有利。大多数购房者在选购住宅时，都会选择坐北朝南的房屋。传统观念上，南北朝向为正，东西朝向为偏。朝南的房间为正房，是位尊的表示，从这个意义上说，如果可以选择的话，绝大多数客户都会选择朝南的户型。

但是，出于土地和建筑的限制，不可能所有的户型朝向都如人所愿。每个人都有自己的实际情况，应在充分考虑差价、采光、日照、通风、室外景观等因素后，作出最适合自己的选择。

当客户提出朝向异议时，房地产经纪人首先应对客户表示理解，然后再向客户灌输正确的购房理念。所有人在选房时，都希望能选到一套物美价廉甚至让自己百分百满意的房子。但问题是，这能做到吗？朝向好的房子，价格自然要比朝向差的房子贵，而且有时价格不是相差一点点。如果购房预算不足，有些要求是无法满足的。

在向客户灌输正确的购房理念后，如果客户对朝向异议不再那么强烈，房地产经纪人还应结合客户的实际情况，告诉客户这套房子为什么适合他、购买这套房子对他有什么好处。如此这般，客户才能欣然接受你的建议。

✓ 正确应对示范1

客　户："这房子是朝北的，不好。"

经纪人："王先生，这点我能理解，大部分客户都不喜欢朝北的房子，而喜欢朝南的房子。其实，一套房子的好与不好，不能只看朝向的，还要综合考虑景观、楼层、光线、户型结构等方面，您觉得呢？"

客　户："这是没错，可是我就觉得朝北的房子晒不到太阳，整天阴森森的。"

经纪人："是的，如果整天晒不到太阳，那的确不舒服。不过，王先生，这套房子可不存在这个问题。"

客　户："哦，它还能晒到太阳？"

经纪人："是的，王先生。现在是晚上，所以您会有这个疑虑。如果是白天，它还是能享受到光照的。昨天早上，我也带了一个客户来看房，当时阳光就晒到这里面来了，就是您现在所站的这个地方。"

客　户："你不会骗我吧？"

经纪人："王先生，您放心，如果您对这套房子的其他条件还满意的话，明天早上我再带您来看看，您不就清楚了吗？不是所有朝北的房子都晒不到太阳的，您看，这套房子在23层，周边都是多层和小高层，没有遮挡；而且，开发商当初在设计时就充分考虑到了这个问题，所以它的建筑朝向也不是正南正北，而是略有偏差，当早上太阳到那个位置的时候，就可以晒到这边来了。"

客　户："哦，那好，明天我再来看看。"

点评：经纪人首先要弄明白客户不喜欢朝北房子的真正原因，如果是光照的问题，而恰好这套房子在开发设计之初就已在这方面有所规避时，就正好可以说服客户朝北并不一定都光照不好。当光照不再是问题、价格又适当时，客户作出购买决定就是水到渠成的事情了。

正确应对示范2

客　户："这房子朝西的，会西晒，不好。"

经纪人："朝西的房子确实存在西晒这个不足之处。王先生，那您觉得这套西晒的与刚才我们看的那套五楼的比，哪套房子综合条件会更好些？"

客　户："这怎么说呢，各有不足吧。那套房子虽然朝东，但是户型结构不好，浪费面积。"

经纪人："这就是了，世上没有完美的房子，任何一套房子都有它的不足，关键是看您更在意哪一方面了。其实，一套房子的好与不好，不能只看朝向的，还要综合考虑景观、楼层、光线、户型结构等方面，您觉得呢？"

客　户："这是没错，可是我就觉得朝西的房子夏天会很热。"

经纪人："即使是朝东或朝南的房子，大家在夏天都还是开空调的，而且冬天还多了一面采光，会让房子更暖和。所以，单纯西晒这问题，对平时生活影响不是很大。"

客　户："话是这么说没错，可是这个价格买朝东的房子也够了吧？"

经纪人："王先生，您过来这边看看，是不是可以看到××山、××湖？"

客　户："嗯，景观是不错。"

经纪人："王先生，这就是了，任何事情都不可能十全十美，有所得必有所失。这套房子是朝西，可是它的景观要比朝东的更好。这就看您更注重哪一方面了。现在人尤其是您这样的年轻人工作繁忙，白天较少有时间在家休息，再加上空调等各种家电的普及，对于日照等自然条件的要求已经有所减弱，而对优美景色的需求却在增加。窗外景观环境的好坏，已成为评价居住区质量的一个重要标准，谁也不希望开门、开窗就看到乱糟糟的景象。"

客　户："这样吧，您问问业主，看看价格上还有没有优惠，总不可能一点儿都不让吧？"

经纪人："王先生，这样吧，如果您确实有意向，那可以先交点诚意金，我们去和业主谈谈价格。"

客　户："好吧。"

点评：经纪人一定要善于把客户的注意力向有利于销售的方向转移。买房置业是大事，客户必然会非常挑剔，所以经纪人引导客户权衡利弊，就能帮助客户清楚地直到自己到底最在意什么了。

情景 52：小区这么大，太杂了

 错误应对

1．"规模小的小区配套设施不完善，也没什么绿地，活动的地方也少。"

点评： 贬低其他楼盘来抬高自己的做法非常不明智，甚至会让客户对你的人品产生怀疑。

2．"这种规模的小区不算大了，不会太杂。"

点评： 这样的回答只是自己的主观理解，缺乏解释，自然也难以说服客户。

3．"规模大点的社区住得比较舒服，各项配套比较完善。"

点评： 客户质疑的是社区大了就会杂，这种回答只是强调了社区的"大"，而对"杂"却未能作出任何解释。

4．"不是吧，这样的社区您还说太大？"

点评： 作为房地产经纪人，说话切忌用反问句。因为反问句不光有否定对方话语的意思，更容易让人听出挑衅和讽刺的味道，容易引起客户的不满，很可能会引发争执。

情景解析

如今小区规模越来越大，由于居住人口多，很容易给人留下太杂乱的印象。因此，向客户推荐规模较大的小区房源的时候，经常会听到客户抱怨"人口太杂"、"环境太乱"，如果一味地否定或者贬低规模较小的小区，是无法达到化解异议的目的的。

虽然大社区人员复杂、环境嘈杂，但是它同样有着很多小社区所没有的好处，比如小区配套齐全，生活比较便利；有较为完善的物业管理体系，能够保证物业的工作质量；小区景观比较大气、漂亮；开发商经济实力雄厚，能够保证建筑品质等。俗话说"耳听为虚，眼见为实"，在介绍这些优势的时候，最好带客户参观一下小区，让客户亲自感受一下大社区的生活方式和氛围，转变客户对大社区的印象。当然，房地产经纪人还可以适当地向客户阐述一下小社区的弊端，比如物业服务不到位或者物业管理费高、配套设施少等，通过对比，让客户认识到大社区的好处。

另外，房地产经纪人还可以从专业的角度，引用专家的结论或者报纸报道，告诉客户小区的规模有科学的设定，大点儿的社区不仅配套完善，还能有效降低业主的购房成本和物业成本。通常来说，将这样的说辞作为辅助，会更加容易化解客户的异议。

✅ 正确应对示范

客　户："社区太大了，住的人多，感觉很杂乱。"

经纪人："王小姐，您放心，虽然这个小区居住的人比较多，但是并不会杂乱。因为这个小区的定位是中档住宅，以白领和小资家庭为销售对象，所以住在这里的大都是有素质的人群。"

客　户："听说大社区非常不好管理，而且不安全？"

经纪人："王小姐，这个问题并不是绝对的。可能是因为小部分规模较大的社区物业管理没有做好，所以才会给人留下这样的印象。像我们现在所在的这个小区，它的物业管理公司是××市最大的物业管理公司，管理非常不错，您刚才进来的时候也看到了，保安对进出人员的检查都很严格，就是要保障业主的正常生活。说实话，规模小的社区是比较好管理，但是物业管理费高，有些小区甚至连公用设施都不维护。所以，现在大家都喜欢住在大一些的社区。"

客　户："是啊。"

经纪人："而且，这个小区里的配套非常齐全，篮球场、游泳池、儿童玩乐区等休闲娱乐场所一应俱全，还有很多生活店铺，您晚上饿了的时候下楼就能找到 24 小时便利店，多方便啊。"

点评：经纪人首先要针对客户的疑虑作出合理的解释，同时，还要再次强调小区规模大的有利之处，只有把小区的优势与客户所能得到的切身利益结合在一起，客户才能被说服。

情景 53：社区太小了，没什么配套

❌ **错误应对**

1. "您怎么会觉得小呢，这种规模的已经不算小了。"

点评：这样回答用的是反问句，经纪人要忌用反问句，因为它不光有否定对方话语的意思，更容易让人听出挑衅和讽刺的味道，容易引起客户的不满，很可能会引发争执。

2. "要不我回去帮您看看有没有规模大些的小区？"

点评：这是被客户牵着鼻子走的消极应对的表现，不光之前所做的努力都将付之东流，还会给客户留下不好的印象，给之后的沟通与交流制造了障碍。

3. "不小吧，我也带了一些客户来这里看过房子，很少有客户说它小啊。"

点评：虽说人们都有从众心理，但是此时这样反驳客户，仿佛是在暗示客户比别人挑剔，客户会觉得很没有面子。

4. "小是小了点儿，但是比大社区好多了。大社区人口密集，环境又嘈杂，住着都

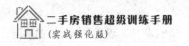
不舒服。"

点评： *通过贬低别人来抬高自己的做法非常不明智，不仅无法消除客户的疑虑，还容易让客户对你本人留下不良的印象，从而不利于之后的推介和交流。*

 情景解析

买房从来就不是一件省心的事情，需要考虑多方面的因素，如小区规模、环境、地理位置、交通状况、配套设施、价格等。虽然价格和地理位置是购房者最主要的选择依据，但是社区规模也是一个与今后日常生活密切相关的问题。规模大的社区，客户会嫌人多嘈杂；规模小的社区，客户又会觉得配套少或者档次不够。

当客户提出社区规模小的异议时，房地产经纪人应耐心地向客户分析小社区的各项优势：住户较少，利于管理，治安较好；户型品种不多，业主层次相似，整个社区比较和谐；大多处在繁华区、成熟区，周边公共配套可弥补自身配套不足的缺点；房价较低，并能有效减少日常费用支出等。在适当的时候，向客户分析一下大社区的缺点和不足，如环境嘈杂、人口众多不利于管理、区内交通不便等，但是在表述的时候要注意措辞和语气，避免让客户认为你在故意诋毁。

为了增加说服力，可引用专家的观点，表示社区的好坏不在于大小，而在于是否成熟，让客户彻底消除对小规模社区的偏见。

✅ **正确应对示范**

客　户："这个社区太小了，没什么配套。"

经纪人："虽然小社区内配套设施不多，但是这里近邻市中心，交通便捷，周边公共配套完全可以弥补自身配套不足的缺点，对您的生活并没有影响。而且正因为配套不多，房价也相对较低，您的购房成本就能降低，往后日常的费用支出也会减少，只物业管理费一项一年下来就可省下不少。"

客　户："我之前住的社区很大，看这个真觉得很小。"

经纪人："请问您之前住在哪里？"

客　户："××小区。"

经纪人："哦，我去过那个小区。那儿是挺大的，但是我个人感觉那里比较吵，好像广场上还有很多卖小吃和生活用品的小摊，人来人往的，显得比较嘈杂，比较喜欢安静的人就不适合住那儿。"

客　户："是的，我住的房子刚好就在广场旁，一到晚上就吵得我小孩都不能学习了。"

经纪人："吵到小孩子学习就不好了。正好，这里只有五六栋楼，居住人口少，白天晚上都比较安静，肯定不会妨碍您的小孩学习。"

客　户："这里治安怎么样？"

经纪人："治安您更不用担心了，物业的几个保安都干很久了，和业主都熟悉，进出小区的陌生人很容易认出来，我第一次来的时候可是被盘查了很久。大社区来往的人多，保安也没办法认识所有的业主，您说是吧？

客　户："是的。"

经纪人："我看报纸的时候经常看到，专家都说社区规模大小不重要，重要的看这个社区是否成熟。您看这里物业管理好，周围交通也便利，小区环境也干净，不正好符合您的要求吗？"

客　户："听你这么说，好像挺有道理的。"

点评：不怕客户挑剔，就怕经纪人不会引导。经纪人对客户所说的每一句话都要有更深一层的理解，这样才有可能抓对客户真正关注的因素，并由此入手，作出更有针对性、更有说服力的推介。

情景 54：这套房子没有电梯，楼层还这么高

 错误应对

1."一分钱一分货，有电梯的话就不是这个价格了。"

点评：这样回答其实就是告诉客户价格低了只能选到这种房子，不能有太高的要求。这会损害客户的自尊心，客户肯定不会愿意继续和你合作。

2."不高吧，我看挺好的，用不着电梯。"

点评：这样回答，客户看不到你一点的同理心，会感觉你只是在敷衍，根本不可能被你轻易说服。

3."那您的意思是想要电梯房？"

点评：经纪人一定要少用甚至不用反问句。这样应对，一些较为敏感的客户会认为你在讽刺他买不起电梯房，很可能会质问你是什么意思。

情景解析

鉴于客户需求的差异性，有些客户认为楼层高一些的房子没有电梯无所谓，但是有些客户则认为这是房子的一大缺陷。客户提出该异议时，房地产经纪人不要掩盖这一缺陷，也不要急于辩解，而是要引导客户双向思考：房子有存在缺陷的一面，也必定会有对客户有利的一面。对这种楼层较高却没有电梯的房子，在带客户看房之前，房地产经纪人就要先分析其优劣势，列出客户可能提出来的问题，并想清楚自己该如何回答该问题。

若客户在意的是没有电梯，那么可以从它的优点来做分析，"以优补劣"。比如视野较为开阔，采光和通风较好；房子单价低且公摊小，能降低客户的经济压力；物业

管理费也较低，可以为客户节省日常费用等。

如果客户在意的是房子位于顶楼，觉得夏天太晒，那么相应地它的优点就是视野开阔，采光和通风好；价位低，还赠送平台，可以做个空中花园等。

总之，房地产经纪人要懂得运用话术，建议客户权衡两方面认真考虑，引导客户朝着有利于成交的方向思考。

正确应对示范1

客　户："这套房子没有电梯，楼层又这么高。"

经纪人："是的，的确是有点高。不过，南方的天气比较潮湿，楼层高正好有利于空气流通，降低室内湿度，而且房子里的光线也会比较好。您这么年轻，其实每天走走楼梯当做锻炼身体也是很不错的。"

客　户："要是爬楼梯，夏天回到家都得一身汗，今天才二十度，你看我都流汗了。"

经纪人："没有电梯是不方便，但是相对于电梯房，这里的价格便宜多了。前面那个小区，就因为是电梯房，每平方米就要35000元，足足比这里高了5000多元。物业管理费也比这里贵了上百元，一年下来可是一笔不小的开支。"

客　户："那倒也是。"

点评：经纪人要善于引导客户从积极的方面考虑问题，任何房源都不可能是十全十美的，但是优点也一定不止一两个，经纪人可以尝试着从不同的方面来做引导。

正确应对示范2

客　户："怎么是顶楼啊，夏天太晒。"

经纪人："其实现在顶楼楼层很受欢迎，因为顶楼不会被前面的建筑遮挡，室内的光线很充足，空气流通也比较好，对人体健康还是很有益的。夏天大家只要在家都是开着空调，所以晒不晒的影响不是很大。"

客　户："这都七楼了，怎么连个电梯都没有。"

经纪人："没有电梯是比较不方便，但是相对于电梯房，这里的价格便宜多了。前面那个小区，就因为是电梯房，每平方米就要贵5000元。还有物业管理费，每月比这里多上百元，一年下来可是一笔不小的开支。"

客　户："那倒也是。"

点评：*客户有疑虑时，简单的反驳是无济于事的。经纪人首先要对客户的疑虑表示理解，在此基础上再加以分析，适当运用话术，让客户权衡利弊，作出有利于成交的决定。*

情景55：这套房子怎么单卫，现在不都是双卫吗

✖ 错误应对

1. "这套房子就是只有一个卫生间。"

点评：*简单重复客户的话无益于消除客户的疑虑，客户只会认为你心不在焉。*

2. "您一家三口，一个卫生间就够用了，双卫纯粹是浪费。"

点评：*这样解释没有将一个卫生间所能带给客户的利益表述清楚，客户会认为你是为了把房子卖出去而随意编造理由，缺乏足够的说服力。*

3. "少个卫生间能省下不少钱呢。"

点评：*省钱确实是一个关乎客户切身利益的优点，但是要注意表达方式，让客户更加真切地感受到省下来的具体数目。*

情景解析

　　小户型房子空间安排相对紧凑，无论一居、两居还是三居，一般都只有一个卫生间。对于这个问题，有的人认为无所谓，有的人则把其看做房子的一个缺陷。虽然这个缺陷对于大部分人而言都不是问题，但是也不能忽视这个异议，同样要用话术来化解。

　　针对单卫这一缺陷，经纪人可以从三个方面来解释：一是省钱，为客户计算一个卫生间需要支付的钱，向客户表示与其多花几万元在一个并不太需要的卫生间上，还不如把这部分钱用在装修上；二是省事，多个卫生间要经常打扫，增添麻烦；三是没必要，一家三口没必要使用两个卫生间，也不会经常有客人串门，客卫一般派不上用场。

　　当客户提出异议的时候，不要急于否定和辩解，而是应该像处理其他异议一样，先认同客户，让客户降低对你的心理防备，然后提出对客户有利的方面，来弥补其不足之处。建议客户权衡其中的利弊，引导客户朝着有利的方向思考，关注到有利的方面。

正确应对示范

　　客　户："这房子怎么一个卫生间，现在不都是双卫吗？"

　　经纪人："是的，现在很多房子都有双卫。不过说起来，三口之家一个卫生间就够了，对于大户型，双卫确实是很有必要；但对于小户型，双卫其实就是开发商的一种噱头。您算算，一个卫生间5平方米，就算15000元/平方米，也要七八万元，花七八万元买个卫生间，您觉得值吗？还不如把这部分钱用在装修上。"

　　客　户："有时候朋友来串门，一个卫生间就不方便。"

经纪人："您经常有朋友来串门吗？"

客　户："偶尔。"

经纪人："对啊，亲戚朋友都只是偶尔来串串门，客卫一般都派不上用场。就像我们买手机一样，智能机两三千元，功能很多，但是很多功能其实我们根本就用不上。"

客　户："也是。"

经纪人："还有，卫生间需要经常打扫，多一个卫生间，您打扫起来又累又麻烦。还浪费水电、增加开支。所以说，一个卫生间对您的家庭来说够了，没必要在这上面多花七八万元。"

点评：数字是一个奇妙的东西，它可以从视觉或者听觉上给人以强烈的感官刺激。经纪人要善于运用数字来叙述，有了具体数字的支持，你的分析就更有分量，也更容易被客户接受。

讨价还价是有奥秘的

第六章

情景 56：26800 元/平方米？太贵了

 错误应对

1. "现在哪有不贵的房子呀？"

点评：话虽然不假，但这样略带反问的回答容易让客户误以为你瞧不起他。

2. "这已经不算贵了，原来的价格比现在更高呢！"

点评：没有数据支持的乏力辩白，无法取信于客户。

3. "这价格哪算贵，不然您去别的地方比较下？"

点评：这种说法对客户不够礼貌也太过冒险，应该在比较确定客户的购买意愿后再提出，否则只会激起客户对你的不满，令客户当场离去。

4. "那您觉得要多少才算不贵呢？"

点评：面对客户议价等情况时，切忌使用反问口吻，这样容易令自己过早地陷入价格谈判的被动局面，极有可能被客户把握了议价的局势，从而增加销售难度。

情景解析

　　每个人都希望能够购买到物有所值甚至是物超所值的商品，即使他们已经产生了浓厚的购买兴趣，但为了能尽量以最小的代价买到自己心仪的东西，他们还是会不厌其烦地讨价还价。换句话说，抱怨价格过高已经成为消费者的一种习惯，而不管这个价格是不是真的高了。尤其是面对房产买卖这种金额高、风险也高的交易时，一旦议价成功便可省下不少钱。所以，即使是在房子条件不错、价格也适当合理的情况下，客户依旧会不离不弃地对价格有所异议，期望能有进一步议价的空间。

面对客户的此类异议，单纯地与他们争论价格是毫无意义的，但也不能因此就缴械投降。正确的做法应该是趁机向客户介绍房子的各种优势，证明其价格的合理性，让客户清楚了解到房子的确实值这个价或者物超所值。只有这样，才能够打消客户的疑虑，让顾客接受这个价格，交易的顺利进行也才有了可能。

因此，当客户对价格提出异议时，房地产经纪人可以根据客户的具体需求以及房源情况的不同，有选择性地向客户说明房子的优势所在：如房子户型结构非常好，有效地利用了每一寸空间；房子位置好、路段好、交通便利，自己上班和孩子上学都非常方便；房子周边生活配套以及市政设施完善，生活相当便利等。在描述这些优势时，表达一定要生动，只有先将客户的耳朵吸引住，才能唤起客户的购买决心。事实证明，客户的购买欲望越强，对价格的考虑也就越少。

✔ 正确应对示范1

经纪人："王先生，这种条件的房子卖这个价真不算贵了。咱不说别的，单看这个户型，一进门就觉得敞亮、通透，您家里有两个孩子，住得舒服了，孩子的身心才能更健康。而且，小区对面就是幼儿园，150米外就是小学，接送方便，早上起码可以比别人多睡半个小时。小区本身也开阔，又有专为孩子们设立的滑梯等娱乐设备，孩子们一定会爱上户外活动、爱上跟大家一起玩耍的。您觉得呢？"

点评：房子的优点、卖点一定不止三四个，作为房地产经纪人，都一定要善于抓住客户最关注的一点来做重点推介，只要在某一点上牢牢地吸引了客户，唤起了客户的购买欲望，就能成功地弱化客户对其他方面的质疑。

正确应对示范2

经纪人："是的，王小姐，这套房子的价格比起其他几套的确是高了一些，但它结构设计合理，又是南北通透的布局，采光和通风条件都很好，视野也非常开阔，各个方面都完全符合您的要求，住起来一定非常舒适。像这样几近完美的房子，价格相对高一点也是在情理之中的，您说是不是？而且，这附近的房子行情，相信您应该也有个大概的了解，拿出来交易的真的是少之又少，能遇见这么中意的房子还真是种缘分。"

点评：好货不便宜，这是人人知道的道理，但是话不说理不明，只有将房子的种种"好"展现在客户的面前，才能打消客户对价格高的排斥心理。同时，适时地营造"奇货可居"的氛围，可以给客户以紧迫感，从而加速成交的进程。

正确应对示范3

（客户刚看到这套房子的信息，就嫌价格太高）

经纪人："王小姐，咱们先不着急看价钱，还是先看看房子吧，如果不适合您，价格再低也没用，您说是吧？"

点评：在与客户交谈的过程中，涉及价格问题时一定要注意两点：一是不能过早提及，否则，客户可能连房子长什么样都还没看到，就被房子的高价格吓跑了；二是不能主动提及，价格问题谁先提出谁就会被动，经纪人一被动，就容易被客户牵着鼻子走。在客户没有详细地了解房屋信息之前，即使他们询问了价格，经纪人也要避免正面回答，要巧妙地转移话题，先向客户全面介绍房屋信息，让客户了解到它的价值与利益并产生兴趣，将一切有关价格的讨论放到最后。

情景 57：昨天刚看了一套房子，比这边便宜多了

 错误应对

1. "他们那房子和我们根本不是一个档次的，怎么能比？"

点评：对竞争对手的贬低永远也无法获得客户对你的认同，只会失去客户对你的信任。

2. "每套房子的情况都不一样，价钱自然也就不同。"

点评：价格不一样已是事实，顾客想要了解的是你这套房子比别人贵的理由。这种说法过于直白，并且默认了客户的说法，属于消极的应对方式，对问题的解决毫无裨益。

3. "您非要这样比较的话，我们也没办法。"

点评：这种回答似乎是想把责任推到客户身上，会让客户误认为你觉得他是在无理取闹，容易引发客户的不满。

情景解析

房产买卖对普通的家庭而言是个大事，客户在购房时一般不可能只看一套房子，为了能掌握讨价还价的主动权，在价格谈判时，会把这套房源的弱势与其看过的其他房源的优势进行比较。这时候，如果直接反驳或攻击客户说的房源，就等于否定了他的眼光，只会令客户产生抵触心理和不满情绪，进而不利于交易的顺利进行。聪明的房地产经纪人要学会把该房源有的而对手没有的优点巧妙地展现给客户，让他们觉得"屋"超所值。

明智的经纪人应该先对客户的看法表示肯定，只有客户感觉得到了应有的尊重和重视，他才会愿意接受你之后所说的观点。然后，再将自己所推介房产的独特优势传达给客户，只要客户觉得"屋"有所值甚至"屋"超所值了，价格因素对他的购买决定的影响自然也就不那么大了。

既然客户拿其他的房源来比较，经纪人就可以借力打力，也用"比较法"，通过比较论证的方式，将"人无我有、人有我优"的利益点传达给客户，让客户自己清楚认识到该房屋所能够为他带来的利益，这样，价格的差异感也就自然而然地弱化了。在描述房源优点的同时，对房源缺点也无需刻意回避，诚实地把信息全面地传达给消费者，也有利于建立起自身以及公司诚信可靠的形象。当然，对于房源缺点也不用着重解释，轻描淡写或一语带过即可，主要仍应着力于对房源优点的阐述。

"比较法"看似简单，其实却非常考验房地产经纪人的"功力"。只有在平时做好市场调查工作，积极了解周边市场情况，精确统计各项信息并熟记于心，对房屋资源、周边环境以及相似房源都有清楚的了解和认识，才能在客户提出此类比较时应付自如。

✅ 正确应对示范1

经纪人："李小姐，您说得没错，之前我也有卖过那个小区的房子，那边的房子的确比这套便宜不少。不过，您去看过那边的房子应该也感觉出来了，那边的地段跟这边是没法比的，它更靠近拆迁安置房区域。很多时候，即便同一个地段的房子，单单因为朝向的原因，一套就能差一二十万元，更何况咱们这套地段还这么好呢。您看，这附近学校、商场、银行等配套非常齐全，住在这里，真的是要多方便有多方便。"

点评：对客户观点表示认同，会在悄无声息中消除客户对你的抵触心理，从而使你之后的观点更容易被客户接受。

正确应对示范2

经纪人："王小姐，您说得没错，我们这套房子的价格相较于那套的确是高了些。但根据我们的调查，我们这套房子不但房子结构好，周边环境也没得说，小区绿化覆盖率达38%，这在市区里绝对不多见。现在的生活节奏这么快，很多人都是亚健康的状态，如果能住在生态环境这么好的小区里，看着满眼的绿色，心情舒畅了身体自然也就能更健康，您说是吗？"

点评：数字最具客观性，数字一出，经纪人的推介可信度就会大幅攀升。数字看似简单，但都需要经纪人平时下工夫去积累这方面的信息，只有这样才能在推介时信手拈来、胸有成竹。

情景58：临近成交，业主突然又要提价

错误应对

1. 如实向客户转告。

点评：价格的突然变化，会使客户认为业主在漫天要价，根本没有出售的诚意。这种情况下，客户同意加价的可能性小之又小，甚至会因此放弃交易。

2. 教育业主这种做法十分不妥当。

点评：房子是业主的，而且还没有签合同，调整价格是他自己的权利。教育或者质问业主一般无法说服业主放弃加价，反而会引起业主的不满。

情景解析

在二手房销售中有一个名词叫做"笋盘",是指在同等条件下,售价最低或明显低于市场价的房子。业主放出"笋盘"的原因各种各样,因其价格低、易成交,很受房地产经纪人的青睐,成了被热推的房源,从而吸引了大量的客户看房。业主看到这种情形,会认为其房产行情很好,定那么低的价实在是太亏,所以可能会在中途甚至签约前突然提价,希望能卖个好价钱。业主突然提价,也等于放弃了眼前成交的机会。不过多数买家也不买账,尤其是不着急买房的客户。在二手房交易中,业主提价会给经纪人带来不小的困扰,因此而没能成交的单子也不在少数。那么,房地产经纪人应该如何处理业主提价呢?

出现这种情况时,房地产经纪人不能贸然将业主提价的消息告诉客户,而应当先找业主进行沟通。可以动之以情、晓之以理,从房地产经纪人所付出的费用和时间精力说起,以期达到打动业主的目的,让业主觉得这价格是房地产经纪人付出相当的努力才得到的。沟通的时候,可辅助使用例证法,唤起业主的危机意识。比如告诉业主之前也有此种情况出现,因为业主突然提价,两三个月内无人问津,最后不得不主动调整价格,浪费了出售的好时间。

正确应对示范1

经纪人: "王先生,您下午四点方便吗?有客户想过去看一下您的房子。"

业　主: "时间是有啊,但是价格可不是头几天的238万元了,现在要245万元。"

经纪人: "王先生,您也知道,您的房子我来来回回带了不下几十个人来看过,费了不少的嘴皮子,终于才谈到这个价钱。之前您也同意238万元成交的,怎么突然间又要245万元才肯卖呢?"

业　主："不是我故意为难你，而是我的房子条件这么好，之前那个价格实在是太低了。而且，其他中介也带了很多客户来看房，好多人都挺喜欢的。"

经纪人："下午要看房的这个客户就是上次去的那位李女士，她对这套房子非常满意，今天特意让她老公一起来看一下，没问题的话就可以直接签合同了。您也知道，李女士是个爽快人，那天您说首付必须得85%，她也二话没说答应了。而且，她刚才给我打电话的时候，说首付款都已经准备好了。王先生，您看您那边就不能降一点吗？"

业　主："238万元我就太亏了，不如这样，我退一步，你也让她退一步，240万元成交吧。"（口气没有刚开始那么坚决了）

经纪人："知道了，那我先跟客户沟通下，等下再给您电话。"

点评：业主虽然想通过提价提升房产的利润空间，但是能在最短时间内找到有实力的买家变现，才是业主们的核心诉求。两三百万的房子，能爽快接受85%首付款这个条件的客户确实是可遇而不可求的，业主意识到这一点，价格上就自然会有松动的可能。

✔ 正确应对示范2

经纪人："王先生，您下午四点方便吗？有客户想过去看一下您的房子。"

业　主："时间是有啊，但是价格可不是头几天的238万元了，现在要245万元。"

经纪人："王先生，怎么一下涨这么多呀？"

业　主："不是我故意为难你，而是我的房子条件这么好，之前那个价格实在是太低了。而且，其他中介也带了很多客户来看房，好多人都挺喜欢的。"

经纪人："哎，这可怎么是好啊，下午要看房的这位客户，就是前天上午看过您房子的陈先生。他本人在北京做生意，这次是过年回来想给父母买套房子，因为时间紧所以才会不多砍价。陈先生急着在年前办好手续，钱都准备好了。您现在一提价，我得抓紧再找一套条件差不多的房源了。王先生，说实话，现在离过年也没多久了，买房的客户也少了很多，能现付的更是少之又少。您那边就不能再考虑考虑吗？"

业　主："那这样吧，我们都各自退一步，就243万元。这可是我能接受的底线了。"

经纪人："那我先跟陈先生沟通下，如果他能同意的话我再打电话跟您约时间看房。"

点评：经纪人听到业主要提价，一定不能慌了手脚，合同没签，房子还是人家业主说了算。作为买卖的中间方，经纪人要在遇到任何问题时都处乱不惊，这样才能在最短的时间内找到应对的方法。"欲擒故纵"是一个非常有效的方法：客户着急买房子，你不卖我不能逼你，只好另觅他处了。买家这么有购买意向和购买能力，业主被一激，在价格上也就不会再那么坚持了。

情景59：买卖双方谁也不想在价格方面让步

■ 错误应对

1. 尽量找出房屋的缺点，打击业主的自信，迫使其主动让步。

点评：用房屋的缺点来打击业主的自信是一种较好的办法，但是一定要注意分寸，一下子指出所有缺点容易让业主难堪，从而产生抗拒心理，不利于交易的进行。

2. 以客户家庭条件差为由博取业主的同情。

点评：业主不是慈善家，这招只有在没有其他办法的情况下才能使用。

3. 让同事扮演客户，制造房子紧俏的气氛，以此唤起客户的危机感。

点评：*这种方法能否成功的关键是看客户对这套房子的喜爱程度，如果客户对房子非常满意，则效果显著，反之则没什么作用。*

 情景解析

对于房地产经纪人而言，最重要的一项工作就是撮合买卖双方在价格上达成共识，以顺利完成交易。这一项工作关乎业主、客户以及经纪人三方的腰包，最为敏感却也无法回避。二手房的买卖双方均为个人，因而在价格谈判上有更大的弹性。通常所说的市场参考价只是个行情价，最终以何价格成交，主要还是看买卖双方的合议结果。一般来说，业主开价普遍比市场参考价高，而客户的还价总是低于业主底价，能否成交的关键就在于双方是否能达成共识。房地产经纪人作为中介方，就要从两个方面去努力：一方面要降低业主的开价，另一方面则要提高客户的还价。只有双方达成共识的价格等于或高于业主底价，交易才会达成。

如何才能降低业主的开价呢？这要视业主个人情况及当时的局势而定，主要可从房屋缺点、同类比较、市场行情及趋势、看房者少等方面来说服业主降价。比如以看房的客户少且长时间无法成交为由，打击业主的自信心，让业主守价的决心动摇；或者委婉地指出房屋的缺陷，打击业主的自信，促使其降价。

那么，又如何才能提高客户的还价呢？最好也是最行之有效的方法就是抓住客户的关注重点，找出此房有而他房无的优点，激发客户的购买欲望。同时，可以在带客户看房时，辅以制造"僧多粥少"的局面，唤起客户的危机意识。

✅ **正确应对示范1**

（针对业主）

经纪人："张先生，您好，我是××地产的小陈，您那套××花园的房子现在卖多少钱?"

业　主:"195 万元啊,我不是和你说过了吗?"

经纪人:"是,您跟我们报这套房源的时候确实是说的这个价,但是您报这个价都一个月了,除了上周去看房的陈先生比较有意向之外,好像也没有多少人感兴趣,所以想了解一下您现在是不是有了些调整。"(以长时间无人成交来要求降价)

业　主:"反正我也不缺钱花,卖不了就先放着。而且,对于房价,我是看涨的。"

经纪人:"房市跟股市很像,同样的信息、同样的形势,看涨看跌的人都有。张先生,房地产短期内价格确实是不会跌太多,但国家调控不放松的话,成交量肯定会萎缩。现在是看房的人多真正买房的人少,大家都在观望。其实您现在这个报价和陈先生的出价差不了太多,只要稍让一点就能够早日成交。俗话说夜长梦多,时间拖得长,即使房价不下跌,单是房贷利息也是一笔不小的支出。"

业　主:"话是这么说,可是客户才出 187 万元,实在是太低了。"

经纪人:"张先生,那您觉得多少价钱合适呢?"

业　主:"192 万元,少一分我也不卖。"

经纪人:"哦,那和客户的价格还是有点差距。这样吧,张先生,我再和客户谈谈,看看客户能不能也提点价。"

业　主:"好的,如果客户同意 192 万元,你再和我说。"

点评:在目前房产热销的市场形势下,业主们手里握着房产,守价的心比磐石还坚定。但是业主的开价过高,交易的可能性就会很小,经纪人获得回报的可能性也就越小。所以,经纪人一定要努力促使业主降低报价。而对房产市场趋势的理性分析以及对该套房产的行情评价,都可以对此有所帮助。

正确应对示范2

（针对客户）

经纪人："陈先生，上周看的××花园的房子，您考虑得怎么样了?"

客　户："195万元太贵了，我只能出到190万元。"（业主的底价是192万元）

经纪人："陈先生，那套房子各方面都十分符合您的要求，看得出您也挺喜欢的。这个片区拿出来出售的房子非常少，现在刚好有这么一套，而且您也满意，真的很难得啊。"

客　户："可它才二楼，190万元差不多了。"

经纪人："陈先生，这套房子虽然楼层低了点，可是它所处的位置好，出门就是公交站和地铁站，交通十分方便。再加上房子又是南北通透的，无论是采光还是通风都非常好。我有好几个同事的客人也都很喜欢这套房子，其中一个已经出到了191万元了，业主都不同意。您要是真的有心想买，就出个实价，我帮您再争取下。"（以房子的独特优势及热销场景来提高客户的出价）

客　户："那行啊，你再和业主谈谈，看看能不能降一点。"（客户口气有点松动了）

经纪人："陈先生，190万元肯定是不可能的。这样吧，您再加点价，我也好和业主谈。"

客　户："那你先去谈，看他192万元卖不卖，实在不行就算了，我的预算就只有这些了。"

经纪人："好的，陈先生，我再尽量帮您跟业主争取下!"

点评：客户买房自然是希望价格越低越好，但是价格只要低于业主的底线，交易就无法实现。经纪人可以运用举例或者类比的方法，给客户划定一个范围，这样才能避免漫天喊价，从而尽快使得客户的还价与业主的报价相同，至少无限接近。

情景60：客户要求中介费打折，否则就不买

 错误应对

1. "真的很抱歉，中介费我们已经很优惠了。"

点评： 虽然说的是事实，但这样直接拒绝客户的要求，容易打击客户的购买积极性，不利于交易的进行。

2. "对不起，公司这么规定的，我也没有办法。"

点评： 这种说法和第一种相似，过于直白，都属于直接拒绝，缺乏主动帮助客户的积极性，对解决问题没有帮助。

3. "假如房子不好，相信我给您再多折扣您也不会要，既然您这么喜欢这套房子，又何必还要计较这些小折扣呢？"

点评： 这种说法虽然很实在，但也有可能引起个别客户的不满，理解为你是认定他会买这房子才一点折扣都不肯多让，反而会导致交易受阻。在与客户进行沟通时，最好能避免使用反问句。

情景解析

现在再便宜的一套房子，价格少说也有数十万甚至上百万元，中介费动辄就几万元，看似小小的一点折扣，算下来其实也能省下不少钱。因此，客户一定不会轻易放弃对这部分优惠的争取。

面对客户这种不给折扣就不买房的"要挟"，作为一名合格的经纪人，首先要做的就是稳住客户。即使客户的要求一时难以满足，也切忌直接拒绝，因为直接拒绝容易

使气氛瞬间凝固，极有可能导致客户直接离去，这笔交易也就彻底告吹了。

那么如何才能稳住客户呢？最好的方法就是迅速将其注意点转移到其他方面，重新调动起客户积极的情绪，多给客户阐述购买房子带来的好处和利益点，将客户的思绪带往对未来生活的美好联想，令其不在只专注于价格问题。稳定了客户的情绪之后，再向客户强调公司的价格机制严谨，价格不是个人可以随意更改的，以此来断绝客户想要折扣的想法，同时也可以借此来向客户传达公司制度严明的正面形象。此后，还可以努力为客户提供其他方面的优惠措施以作弥补，让客户也能得到一些好处。气氛融洽了，关系和谐了，交易也就自然变得顺利了。

与客户沟通时，优秀的经纪人应该尽量站在客户的立场上去为其考虑，多些赞美，少些抱怨，这样才能令客户的提防心理稍微缓和，客户也才会比较容易认同和信任你。即使真的无法获得任何折扣，客户已经看到了经纪人为自己的利益最大化所做的种种努力，心里也会更舒服一些，对整体的价格也才比较容易接受。

✅ 正确应对示范1

客　户："你们中介费再给我打些折扣，这房子我就买了。"

经纪人："李先生，咱们看的这套房子，各方面都满足您最初的要求，单就房子而言，质量、格局、装修全都没得挑，而且小区是闹中取静，设施齐备，绝对是您的置业首选啊。"

客　户："这些我自然都知道，所以只要你们能在中介费上再便宜一些，我肯定就买这里了。"

经纪人："李先生，您也来过我们这很多次，公司的严格管理相信您也一定感受到了。公司有自己的规章制度，不是我们想改就可以改的，我们对中介费都有相应的规定，而且对所有的客户都是一样，这也是在保护您的利益啊。您想，假如我今天给您算这个价，明天给别人又是更低的价格，相信您知道了一定会不高兴，对吧?"

点评：*虽然中介费确实是笔不小的数目，但客户要买的毕竟是房子，如果房子的各个方面都非常符合甚至超出了客户的预期，那么客户也就不会再过多地在中介费用上纠缠。而经纪人要做的正是要让客户及时"复习"此套房子的优点，迅速弱化对中介费的关注。*

✅ 正确应对示范2

客　户："你们中介费再打些折扣，这房子我就买定了。"

经纪人："李先生，这房子估计您看得比我们做中介还仔细，不仅质量没得说，四周的环境也不错，住起来一定舒服。最重要的是，它的位置和路段都非常好，将来的升值空间肯定很大，不管您买来是自己住还是做投资，都一样前景美好。而且您也看到了，我们为您向业主争取到了这么实惠的价格，这可是实实在在的大优惠啊，您说是不是?"

客　户："你说的我都清楚，但你就不能再给点优惠吗? 现在买什么不打折啊，中介费又这么高，多少也该给我打些折扣吧。"

经纪人："李先生，我知道您也是个爽快的人，可您知道，公司有公司的制度，我们当员工的是不可以随便给客户折扣的，这也是对所有客户的一个利益保障。不如这样吧，如果您今天就能签合同的话，我帮您向经理申请一下，看看能不能给您打个95 折?"

客　户："那好吧。"

点评：*客户的要求即便可以满足也不能在第一时间答应，马上同意只会让客户觉得还有进一步杀价的空间。经纪人将打折描述得越困难，客户的心理越容易平衡，最后一点点的小让步就可以促使顾客作出购买的决定。*

情景61：我今天没带那么多钱，明天再来交定金吧

 错误应对

1. "那好，那您明天再过来一趟吧。"

点评：俗话说夜长梦多，客户一旦轻易地离开，什么样的状况都可能发生，真的再回来交定金的可能性会降低很多。这种说法属于消极应对的方式，不利于交易的顺利进行。

2. "不可能吧，您一个大男人出门怎么会一点钱都不带？"

点评：这种说法明显带有戏谑的成分，会让客户感觉经纪人瞧不起自己，从而心生不快，以致交易受阻。

3. "您现在不下定的话，以后再想买到这种价位的好房子可就难了。"

点评：理是这个理，但是这种说法太过直白，多少有了些逼迫的意味，会让客户感觉你只是在吓唬人，反而令客户更想拖延下定的时间。

情景解析

往外掏钱了，谁都会有所犹豫，何况房地产交易中的定金数额一般都不小，没有带够钱，通常就只是个借口，想拖延时间而已。虽然可以理解，但是房地产经纪人一定要谨记，绝不能任意让客户拖延下去，在客户犹豫不决时，必须伸手推他一把，这是促进交易达成的绝好机会。倘若轻易地同意客户离开，就等于拱手放掉了一个大好的机会，而这样的做的后果只有一个，那就是你之前的一切口舌和努力极有可能就此化为泡影。所以，在没有拿到客户的定金之前，决不能轻易让客户就此离开。

当然，客户说的也极有可能是实情，即使客户确实是所带现金不足，也可以问客户能够支付多少，然后象征性地先收取一些。如果客户说身上没有现金，而双方的沟通又比较融洽的情况下，房地产经纪人可以建议客户到附近的银行取钱。与此同时，为了更加坚定客户的决心，房地产经纪人可以向其分析下定金的原因和好处等，例如，既然对房子很满意就应该早些确定，付些定金业主就不能再卖给别人了，而没付定金的话说不定什么时候房子就给别的客户先买走了，到时再后悔就迟了。

即使客户最后仍旧不愿意交定金，房地产经纪人也无需感到失落或气馁，还是可以进一步诚恳地询问客户不肯交定金的具体原因，再有针对性地找出相应的解决策略。总而言之，房地产经纪人千万不要放过任何一丝促进成交的机会。

✔ 正确应对示范1

客　户："我今天没有带钱，改天再来吧。"

经纪人："可以。不过您今天过来也看到了，这套房子各个方面都非常不错，而且这个地段拿出来交易的房子本身就少，咱们过来的这不到一个小时的时间里有好几拨人都来看房了，您要是没有及时下定金，被别人买走也是很有可能的事，那样可就很可惜了，不是吗？"

客　户："这我也清楚，只是今天出门比较匆忙，的确没有带什么现金。"

经纪人："那倒也是，现在大家都不愿意在身上放太多的现金。不过没关系，您有带银行卡或者信用卡吧，前面直走就有银行和取款机，我陪您一起过去吧。"

客　户："那好吧。"

点评：及时地强调交定金的好处，这就是在客户犹豫不决的时候推他一把，这样一来，还可以观察出客户是否只是在找借口拖延时间，还是真的没有带足够的现金。明确了真正的原因，才能更加精准地引导客户，确保早日成交。

正确应对示范2

客　户："我今天身上带的钱不多，明天再来交定金吧。"

经纪人："带的不多也没有关系，咱们可以先交一部分，这样也算是把房子先预定下来了。这房子质量、格局什么的都非常好，看的人也多，最主要的是您又这么喜欢，咱们先占着，免得被别的客户捷足先登了，那样岂不是遗憾？剩下的部分，您可以明天再带过来补上。"

客　户："呃，这个嘛……"（客户依旧有所迟疑）

经纪人："李姐，咱们买房子就跟找对象是一个道理，看上眼了就得尽快提亲去，不然人家还以为咱们还有什么不确定的呢。交定金其实就是先买个放心，您说是吧？"

客　户："那好，我这里有1000元，先当定金吧，剩下的我明天再拿来。"

点评：要交定金了却变得犹豫不决，这是人之常情。作为经纪人，不能轻易让客户离开，但也不能"逼宫"。只有动之以情、晓之以理，客户的戒备心理才会有所放松，再适当地强调房子的抢手形势，就可以促使客户尽快地作出决定。

情景62：客户表示是老客户介绍过来的，要求中介费打折

错误应对

1. "对不起，这折扣已经是最低的了，就算老客户来了也是这个价。"

点评：即便讲的是实情，这种说法也太过直白，会令新老客户都觉得颜面无光、下不来台。老客户能主动介绍客户过来，是对你工作的极大肯定，而这种说法不仅不领这份情，而且言下之意容易让人觉得就算老客户再光顾也不会再有优惠，会让老客

户失去介绍朋友的积极性。

2. "没办法，这价格都是公司统一规定的。"

点评：这种直接拒绝的方式，会让对方觉得公司或者房地产经纪人不通人情、做事死板、不够灵活、不懂变通。

3. "那您希望能优惠多少呢？"

点评：针对价格的疑问，最好不要设置这种开放式的问题。这种应答只会使自己陷于被动，令客户误以为折扣的空间不小，从而提高了客户对折扣的期望，争取优惠的信心也会大增。

 情景解析

众所周知，获得一位新客户的成本远远高于维护一位老客户，而利用老客户的口碑宣传是不用花费任何额外费用的。不少房地产经纪人和中介门店正是看中了这一点，所以对老客户采取了一些鼓励措施，但实际支出并不多，是一种毫无风险的低成本运营。与其他促销方式相比，这种方式所需费用几乎可以忽略不计，所以逐渐受到越来越多公司的青睐。

要维护好与老客户的关系，就要对其介绍过来的朋友给予足够的重视。只有这样，老客户才有面子，也才会愿意源源不断地介绍新客户给你。房地产经纪人在接待老客户介绍过来的新客户时不仅要接待周到，还要时不时地表示出对老客户的感谢，好给新老客户双方都留下好印象。而当新客户以此为由要求得到折扣时，房地产经纪人大可以在价格底线之上适当地为对方争取一些优惠。在让价时，也要讲求技巧，不妨一点一点让步，并且一分让价要让客户看到你五分的努力，只有这样才能有效遏制客户得寸进尺的想法，还能让客户感觉你确实在为其争取利益，从而获得客户的信任。另外，对新客户的这种周到接待，也能令老客户感到满意和有面子，今后或许会介绍其他朋友前来光顾，也算是房地产经纪人的另一种人脉投资方式。

✔ 正确应对示范

客　户："我是你们老客户介绍来的，你们中介费能给我多少折扣？"

经纪人："感谢您对我们的支持与信赖，既然是老客户介绍的，我们一定会尽量给您最大的优惠。根据公司规定，老客户介绍过来的新客户，我们在中介费方面统一给予九折的优惠。"

客　户："九折？不会吧，就这么一点？"

经纪人："王先生，这个优惠已经很实在了。其实，跟中介费比，房价才是大头。您也很清楚，我们努力在业主那边为您砍价，房价总共省下了不下十万元。不知道您对我们这些天的服务还满意吗？"

客　户："服务还行，但中介费就这么点折扣实在太少了。八五折总可以吧？八五折的话，我就买这套了。"

经纪人："这样吧，王先生，您也是个爽快人，我很想和您交个朋友。如果您今天就能签合同的话，我帮您和经理申请一下，看看中介费能不能给您打个88折？"

客　户："好的，谢谢你了。"

点评：对于老客户介绍来的客户，经纪人一定要让其知晓给出的价格是特别的优惠价。倘若客户要求进一步的折扣，即便能够达成，经纪人也切忌马上答应，因为轻易得来的折扣会让客户误认为还有更大的杀价空间，从而影响了交易的顺利进行。

情景 63：我是老客户了，中介费 1% 就够了吧

 错误应对

1. "您既然是老客户，也应该很清楚我们公司的价格制度，我给您的已经是最实惠的价格了。"

点评： 这种说法会让老客户觉得经纪人不通情理、不讲人情。而且既然是老客户了，在价格谈判方面肯定更富有经验，普通的劝导对他们起不到什么作用。

2. "没办法，可以的话我早给您打折了。"

点评： 这种说法与第一种类似，面对这类老客户，只言片语不仅没有任何作用，而且会让老顾客心生不快。

3. "那您还想要多少优惠？"

点评： 针对价格的疑问，最好不要设置这种开放式的问题。这种应答只会让自己陷于被动，令客户误以为折扣的空间不小，从而提高了客户对折扣的期望，争取优惠的信心也会大增。

情景解析

老客户上门是对中介门店以及房地产经纪人的极大肯定，与此同时，也是巨大的挑战。因为相对于新客户而言，在价格谈判方面，老客户绝对要比新客户难缠，他们对哪些方面可以省、可以省到什么程度都有一个更清楚的认识，他们会利用这些经验和老客户的身份，在中介费方面提出比新客户更多的要求。

与老客户谈价格时，房地产经纪人一定要懂得控制住折扣的尺度和底线，及时遏制住对方砍价的想法，不要轻易做出让步。而且，让价时机一定要把握好，不确定成交之前，不要对价格作出过多承诺。对于一些常客或者购买多套房子的客户，可以将

其介绍给公司上层领导，这样可以令客户感觉自己受到了足够的重视和尊重，自然也就更愿意锁定你们这家中介店面。此外，房地产经纪人还可以通过关照客户不要告诉他人自己所得到的折扣的方式，令其感觉自己的确得到了最大的优惠。

✅ 正确应对示范1

客　户："我都是你们的老客户了，再给点折扣吧。"

经纪人："李先生，我当然知道您是我们的老客户，所以我们给您的报价也是老客户才能享受得到的优惠价。新客户来根本没有折扣的，不信您可以注意听一下那边那位客户的谈话，他是新客户，今天就要签合同了呢。"

客　户："你看，我上次来是你接待的，这次来又直接找你，你就直接点吧，到底能给我优惠到什么程度？"

经纪人："李先生，我知道您是个爽快人，您看这样好不好，假如您确定买这套房子，我可以帮您再向领导问问，说您是老客户了，能不能再申请多一些折扣？"

客　户："我当然是确定要买的，我连钱都准备好了。只要你们能再多些优惠，我就立马付定金。"

点评：对价格的更多承诺一定要放在客户确定要买这套房子之后，不然所有的都是空谈。让步时也必须是一小步一小步地让，不能一让到底，否则只会让客户误认为还有更大的杀价空间，使自己陷于被动。

✅ 正确应对示范2

客　户："我都是你们的老客户了，再给点折扣吧。"

经纪人："李先生，您是老客户，应该知道我们公司的价格制度一向严谨。正因为您是老客户，我一开始给您开的就是老客户才能享受的折扣价，其他客户都是没有折扣的，您也应该清楚不是吗?"

客　户："可我都在你们这买多少套房子了，你们也不能太小气了吧?"

经纪人："作为员工，我能给您的的确已经是最低价了。不如这样，您如果确定要这套房子呢，我可以把您介绍给我们领导，到时候您就可以直接和他谈了，看看能不能再争取些优惠，您看如何呢?"

客　户："好。"

点评：多次买房的老客户，会有比一般的老客户拥有更多的谈判经验，他更会以"我都在你们这边买了那么多套房子，让你们赚了那么多钱"为由迫使经纪人给出超过一般幅度的优惠价。这个时候，把这类老客户引荐给领导就是一种非常得体的做法：一来可以让客户感觉到自己被重视，二来可以让领导帮忙分担一部分的谈判风险。

情景64：客户让你去谈价格，却不愿意交诚意金

✕ 错误应对

1. 根据口头约定，帮客户谈价，谈到客户约定的价格后，让客户前来签约。

点评：帮客户谈到约定价格后，客户很可能会找借口不来签约，或者觉得说不定你还能帮他争取到更低的价格，就会趁机压价，要求你再次去谈价。

2. 客户不交诚意金，就算谈到约定价格，也不约客户前来签约。

点评：经纪人所做的任何努力都是为了能促成房产交易的顺利进行，与业主谈好了价格又不带客户去签约的话，一方面对交易本身无益，另一方面会让业主觉得你的办事能力有问题，从而导致下次再去谈价时更加困难。

3. 向客户表示不交诚意金自己就不去同业主谈价。

点评：这样的做法有威胁客户的意思，很有可能把客户推到其他的中介公司去。

情景解析

"诚意金"俗称意向金，当客户要求房地产经纪人去与业主商谈价格时，一般需要先行交付"诚意金"，以保证房地产经纪人在帮忙谈到客户所要求的价格或其他交易条件时，客户会按该价格或该条件购买该房产。达成交易后，"诚意金"一般自动转为定金；否则，诚意金应返还给客户。

很多客户要求经纪人去与业主商谈价格时，不愿意缴纳诚意金，都会说"你只管去谈，谈到我说的价位，我就直接过来签约"。如果房地产经纪人直接按照客户的要求同业主谈价，即使谈到与客户约定的价格，由于没有任何的约束力，不少客户也可能会改变约定的条件，乘机找借口压低价格，再次要求你同业主谈价，这样一来，之前的努力就会白费，业主也会因此怀疑你的能力，以至于给再次谈价造成不必要的障碍。

倘若真的遇到不肯交诚意金的客户，房地产经纪人也千万不能直接摆出一副"爱付不付，反正你不付我就不去谈"的架势，而应该首先向客户解释"诚意金"的含义，并清楚表示如果没有在约定的时间内谈到约定的价格，诚意金会如数返还给客户，以消除客户的担忧心理。如果在解释之后，客户还是执意不愿意交诚意金，该怎么办呢？最好的办法就是一边同业主谈价，一边做客户的思想工作。一旦谈到客户可以接受的价位时，房地产经纪人可以以谈不成为由，让客户亲自出马，让其同业主面谈，而面谈的条件则是一旦谈成立即当场下定金。当然，让客户直接同业主谈价之前，必须事先与业主做好沟通工作。

✅ 正确应对示范1

客　户："这样吧，您去和业主谈谈，如果能谈到150万元，我就买了。"

经纪人："王先生，您的这个出价和业主的报价差距太大了，恐怕很困难。"

客　户："有什么困难的，150万元差不多了。"

经纪人："王先生，这样吧，我们会尽量帮您谈价格的。但根据规定，在谈价格前，您得先交一点诚意金，这样才能保证在谈到约定价格时您会购买这套房子。"

客　户："不用交诚意金啦，谈到 150 万元我就直接过来签约。"

经纪人："王先生，在帮忙客户谈价格之前先交诚意金是业内的规矩。您也知道，有些客户会不守诚信，谈到约定的价格后又反悔不买了，这样会让我们中介被业主责怪。其实，交诚意金对客户是没有影响的，一旦谈到约定的价格，诚意金就自动转为定金了；在约定的时间内没谈成，诚意金会返还给您的。"

客　户："那好吧，我就先交 5000 元的诚意金，在三天之内如果能谈到 150 万元，我就买了。"

点评：客户不愿缴纳诚意金的原因可能有很多，最常见的就是担心这部分钱会打水漂。房地产经纪人要将诚意金的含义向客户解释清楚，最好有书面的约定，这样才能消除客户的担忧。

正确应对示范2

客　户："你们和业主谈得怎么样了？"

经纪人："王先生，您这可真为难我了，××花园的这套房子条件确实不错，我同业主谈了不下 20 次，业主说看我都烦了，才勉强退了一步，给您优惠了 3 万元，也就是 212 万元。虽然跟你的预期还差 2 万元，但我想您应该也是可以接受的吧？您看业主让了 3 万元，你就让了这 2 万元，以 212 万元成交了吧？"（虽然已经谈到了客户要求的 210 万元，但不能立即告诉客户业主已经同意成交，以防止客户找借口再次压价）

客　户："我说得很清楚了，210 万元我才签约。"

经纪人："哎，王先生，我是真没有办法了，嘴皮子都快磨破了，业主坚决表示低于 212 万元不卖。要不这样，我觉得您的谈价能力比我强多了，要不我约业主同您坐下来面谈，说不定您能说动业主再降 2 万元呢。"（与业主协商过后，让客户自己与业主谈价，通过业主之口，向客户传达降价的条件是让客户当场下定）

点评：让客户与业主直接面谈其实是房地产中介的一个忌讳，采用这个方法之前，一定要确认客户真的有诚意要买这套房子，而且与业主的事先沟通也是万万不能省的。只有这样才能将跑单的风险降至最低，做到万无一失。

情景65：业主表示少于 200 万元免谈

错误应对

1. 先同客户谈价，谈到 200 万元时，再去找业主商谈。

点评：通常这种情况是业主开了一个比较高的价格，如果单方面地同客户谈价，是很难谈到这个价格的。

2. 放弃该客户，把房子推荐给其他客户，看能否谈到 200 万元。

点评：这样做等于业主已经掌握了谈价的主导地位，经纪人是在被业主牵着鼻子走，处于非常被动的地位。

3. 不停地周旋于客户和业主之间，希望双方能各退一步，拉近双方的价格。

点评：业主已经做了"少于 200 万元免谈"的表态，说明房地产经纪人在价格谈判上处于被动地位，很难拉低价格。而客户开的价格若是与其相距甚远，也是非常难谈的。但是价格依旧要谈，应主攻业主方面，摸清业主的真实底价。

情景解析

当房地产经纪人代表买家与业主谈价时，可能会遇到较为难谈的业主，甚至有的业主会以不缺钱为由，表示"少于 200 万元就不要同我谈"。这种情况通常而言有三种可能性：一是业主真的不缺钱花，不想花太多的时间精力来谈价，直接开出自己的底价；二是业主为了把房子卖个好价钱在故弄玄虚，希望客户能出一个较为接近的价格；三是有其他中介在同他谈价，业主想以此来稳定售价。

遇到以不缺钱为由在价格上表现得非常强硬的业主，房地产经纪人首先要摸清业主的真实意图，判断这真的是底价还是业主为了卖个好价钱，抑或是为了稳定售价。试探的时候，可以故意还一个较低的价格。如果业主不生气，反而透露出希望客户出高一点的价格，说明价格还有谈判的空间，可采取相应措施探明是有同行在竞争，还是业主自己在故弄玄虚；如果业主态度强硬，多半这个已经是底价，没有多少杀价的空间，只能推荐其他客户。

◆ 正确应对示范1

经纪人："张先生，您好！我是××房产的小陈，今天上午我带去看房的那位客户对您这套房子有兴趣，还了197万元的价格，我同他说了200万元是您的底价，但是他坚持要我来同您谈谈，看看您是否能让一步。"

业　主："小陈啊，老实说，我现在并不缺钱，没有200万元，就不要来同我谈。"（业主以不缺钱为由不肯降价）

经纪人："张先生，我知道您肯定不缺钱，只是我的这位客户真的很有诚意，您看能不能降一点？"

业　主："不行，我已经说得很清楚了，没有200万元不用找我谈。"（业主一再表示没有谈价空间）

经纪人："张先生，是这样的，因为我的这位客户先前在另外一家地产中介也看上了一套类似的房子，他同我说要是您这边197万元能卖，就不考虑另外一套，直接买您这套房子了。毕竟找到一个合适的买家也不容易，您说是吧？"（找借口试探客户是

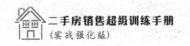
二手房销售超级训练手册
（实战强化版）

否真的不肯让步）

业　主："197万元不行，如果他真的那么有诚意，你让他出高点。"（客户松口，表示愿意让步）

经纪人："那您多少钱愿意卖呢，我好同他说一下。"

业　主："最少199万元，不然就不用再谈了。"

经纪人："张先生，您看能不能再少一下，因为客户也非常确定的告诉我他最多只能出到197万元。如果价格相差太远，可能很难谈得拢，您看这样行不行，我同客户争取一下，让他出197.5万元。"（继续同业主谈价，其实客户还价198万元）

业　主："你也不用再说了，198.5万元，少一分都不行，低于198万元就算了。"（业主表现出了不耐烦，不愿再谈价）

经纪人："好，我去与客户再谈谈，希望能成交。"（转向与客户谈价）

点评： 价格谈判是很敏感也是很艰难的一种谈判，作为经纪人，一定要善于稳定住业主的情绪，为最终摸清业主的心理底线营造一个良好氛围。

✔ 正确应对示范2

经纪人："张先生，您好！我是××房产的小陈，今天上午我带去看房的那位客户对您这套房子有兴趣，还了196万元的价格，我同他说了您最少要200万元，但是他坚持要我来同您谈谈，看看您是否能让一步？"

业　主："我现在并不缺钱花，少于200万元就不用同我谈了。"

经纪人："张先生，我的这位客户很有诚意的，我昨天带他在××小区看了一套房子，和您这套格局、面积都差不多，他告诉我如果这套能谈到196万元，就直接买您这套，那套就不考虑了。您看，既然他这么有诚意，又这么爽快，您能不能降一点？"

业　主："196万元不行！他哪有什么诚意啊，××地产的小李带过来的客户，开

价就是198万元，人家这才叫诚意。"（业主表示有其他中介也在谈价）

经纪人："哦，是这样啊。那行，我回去跟客户说明一下情况，看他能不能多出一些。不过你们的价格相差太远，可能很难谈得成，您看您能不能少一点，大概多少钱肯卖给他呢，我好同他谈。"（业主已经掌握了价格主导权，只能转向说服客户）

业 主："200万元，我说得很清楚了。"

经纪人："好的，张先生，我再和客户谈谈，看看他能不能接受。"

点评：看房的人多了，业主就会觉得自己的房子行情不错，守价的底气也就更足。遇到这种情况，房地产经纪人要先判明是确有其他中介和客户在关注这套房子，还是只是业主的守价策略。如果业主完全没有松口的迹象，经纪人就要及时调整方向，为客户寻找新的房源，并介绍出价更好的客户来关注此套房源。

情景66：业主不准经纪人带不能接受200万元价格的客户来看房

错误应对

1. 和客户说明，业主底价就是200万元，可以接受的话才带客户去看房。

点评：在没有看房之前就同客户说出业主底价，对之后的价格谈判肯定不是件好事。况且，如果业主所报的200万元高于市场价，但是价格就会令客户失去兴趣。

2. 为了带客户去看房，不论客户能不能接受200万元的价格，都告诉业主客户已经接受这个价格了。

点评：这样做会让业主以为客户可以接受200万元的价格，就算客户看上了房子，若是出的价格与之相距甚远，后期谈价的难度也会加大。而且，业主和客户也都会对你的办事能力以及诚信度产生怀疑。

3. 告诉业主客户很难接受 200 万元的价格，希望他能允许先看房之后再谈价。

点评：业主既然表示低于 200 万元就不要带去看房，就未必会轻易答应这个请求，而且这样会使自己失去销售谈判的主导权，使自己在后期谈价中陷入被动局面。

 情景解析

在预约业主开门看房时，有些业主的态度比较强硬，表示"不能接受 200 万元就不要带来看房"。一般情况下，房地产经纪人是不可以在看房之前就与客户议价谈价的，这会降低客户看房的积极性。因此，当业主如此表示时，房地产经纪人一定要先了解业主这样做的原因，再根据具体情况采取相应的措施。

业主设定这样的看房门槛，通常有两种情况：一是为了卖个好价钱而故弄玄虚；二是之前看房的人很多，但大多数客户都出价太低，与业主的期望值相差很远，业主便设定一个底价作为看房门槛，想让还低价的客户知难而退。不论是哪种原因，最关键的还是要弄清楚 200 万元是否是业主的底价，是否还有谈价的空间。

如果是第一种情况，可以向业主表示客户的诚意，说服业主先让客户去看房，之后再为其争取一个好价钱；如果是第二种情况，可以乘机要求业主留钥匙，避免浪费他的时间和精力，若是屋内有很多家具、电器，则可以要求业主签独家委托，以保证家具、电器的安全，同时排除其他中介的竞争。

正确应对示范1

经纪人："张小姐，我有个客户，想看一下您的房子，请问您是明天上午有空还是明天下午方便呢？"

业　主："哦，看房可以，但如果客户接受不了 200 万元的价格，就不用带来看了。"

经纪人："张小姐，这位客户很实在的，也很有诚意。"

业　主："有诚意当然好，不过你告诉他，如果接受不了 200 万元的价格就不用来看房了。"

经纪人："张小姐，说实在的，如果客户没有看到您的房子，不知道您的房子有多好，我这样贸然报个 200 万元的价格给他，很不好谈。万一客户很喜欢您的房子，一开口就是 200 多万元呢？"

业　主："怎么可能有这种人？"

经纪人："张小姐，我做这行也四五年了，接待过不少客户，有些客户是很爽快的，只要房子合适，价格方面都很好谈。这位客户我带他看过两套房子，他很有诚意买房的。要不明天我先带他来看房，探探他的口风，您觉得怎么样？"

业　主："那好吧。"

点评：业主可能是怕有些客户看房只是为了比较行情，没有购买的诚意，经纪人只要强调客户的诚意以及看房后争取好价格的可能性，业主就有松口的可能。

正确应对示范2

经纪人："张小姐，我有个客户想看一下您的房子，请问您是明天上午有空还是明天下午方便呢？"

业　主："哦，看房可以，但如果客户接受不了 200 万元的价格，就不用看了。"

经纪人："张小姐，这位客户很实在的，我带他看过两套房子，他确实很有诚意买房。"

业　主："这些人都说有诚意买房，但一个个看完房子就乱还价，有一个还给我还到 180 万元，纯粹是来找乐子的。"（客户表明原因）

经纪人："张小姐，您也知道，现在政府宏观调控在控制房价，大家都在观望，不敢轻易出手。卖房子是件比较麻烦的事。客户经常来看房，但谁也不能保证看完就成交，您说是吧？要不这样，您留一把钥匙在我们公司，我们来帮您把关，这样您就不用一直为跑来跑去开门而浪费时间了。"（建议客户放钥匙在公司）

业　主："那怎么可以？我房间里还有不少家具和电器，丢了谁负责啊？"

经纪人："您把钥匙放到我们公司，签一个独家委托，这样我们就能确保您房内物品的安全。签委托的时候，我们会为您列明一份家具和电器清单，以后您房里这些物品的安全就全部由我们公司负责。这样您就不用老是跑来跑去开门，遇到一些乱开价的客户了。您看怎样？"

业　主："如果你们能负责，那也行。老是有人要求看房，我都烦死了。"

点评：紧紧抓住业主怕麻烦的心理，争取独家委托，既方便了带客户看房，又排除了同行竞争。

情景67：客户不清楚房屋价值，不相信房子值那么多钱

错误应对

1. 客户指出房屋的缺点时，经纪人用房屋的优点据理力争。

点评：经纪人与客户沟通时切忌争辩。直接推翻客户观点的做法，会让客户心生不悦。

2. 反复强调房子物美价廉。

点评：强调物美价廉的前提是房子真的物美价廉，否则客户会认为你为了卖出房子而胡乱编造，从而怀疑你的职业道德。

3. 向客户阐述房屋的优点和好处，说明物有所值。

点评：这是一种较好的方法，但在介绍优点与好处时一定要有针对性，要懂得抓住房屋的独特优势，阐述客户所需要的好处，否则只会让客户不知所云。

 情景解析

在房屋买卖中，价格通常是双方最为敏感也是最常被提起的话题。很多客户经常会认为房屋价格太高，其实这并不重要，问题的关键是挑剔价格背后的理由，比如是觉得地段不好，还是认为房子太旧，或者是嫌交通不方便……

因此，客户表示价格太高时，房地产经纪人不要在此问题上与之争论，因为即便你赢得了争论，最后的结果也未必会成交。其实，换个角度来看，你就会发现客户挑剔价格是因为对房子产生了购买欲望。如果客户对房子没有任何意向，是不会在价格问题上与你多作争论的。所以，房地产经纪人此时要做的就是找出客户挑剔价格的真正原因，再告诉客户"一分钱一分货"的道理，用各种证据说明所推荐的房屋值这个价钱。等到客户动摇的时候，立刻用"二选一"的方法力促客户交定金以保证成交。

正确应对示范

客　户："房子还行，但是我觉得它不值这个价，跟之前看过的那些房子比，价格高了很多。"（客户开始挑剔价格）

经纪人："张先生，请问您认为它哪方面不值这个价呢？"

客　户："这里可以说是近郊了，虽然交通方便，但是周围明显不够繁华，配套设施也没有跟上。"

经纪人："张先生，这个您不用担心，之前我跟您提过，这里属于市政的重点规划区，用不了五年，周边会变得跟市中心一样繁华，超市、酒店、银行、餐馆等都会相继出现。张先生，我给您推荐的这套房子，在目前这个竞争激烈的市场上，价格绝对

是非常公道的。如果不是业主急需用钱，他是不打算卖掉这房子的。"（让客户相信"一分钱一分货"的道理）

客　户：（显得有些犹豫）

经纪人："张先生，我们也看了这么多房子，难得遇到价钱合适您又满意的房子，好房子可不等人，我建议您今天就下定吧，您看是先交5000元还是10000元呢？"（抓住机会让客户下定）

点评：当客户得知自己担心的问题在不远的将来就能解决时，他所提出的顾虑就被明显地弱化了。这个时候，经纪人一定要抓紧时机，敦促客户立刻行动起来。

情景68：业主报价250万元，客户却还价220万元

错误应对

1. 告诉客户这个价格与业主的价格相距太远，让客户加价。

点评：双方给出的价格差距太大时，单纯地要求一方加价，很难让双方最后在价格上达成一致。

2. 告诉客户业主的底价是250万元，接受这个价格才能成交。

点评：买房置业对一个家庭来说是个大事，客户一般都是有备而来，轻易地报出所谓的底价，既无法取信于客户，又会让客户认为你不够实在，以至于在之后的沟通中对你处处设防。

3. 放弃努力，转而推荐其他房源。

点评：这是消极应对的表现，这么轻易就放弃努力，会使客户误认为你在怀疑他的购买能力，从而心生不满。即便你向其推荐了其他房源，成功的可能性也非常低。

情景解析

带客户看房之后，业主开价250万元，客户却还价220万元，两者之间的差距非常大，发生这种情况的原因不外乎两个：一是客户不了解二手房行情，怕吃亏，所以还了一个比较低的价格，试探业主的反应；二是客户对这套房子没有兴趣，根本不想买，想开个低价，让房地产经纪人知难而退。

要买家加价是件非常困难的事情，所以，应对这种还价非常低的客户时，一定要注意不能围绕着他出的那个低价（220万元）来谈，否则，无论如何都不可能加到业主所开出的底价。经纪人一定要掌握谈价的主动权，要引导客户围绕高价（250万元）来谈。

那么，如何才能引导客户围绕高价来谈呢？若是直接告诉客户业主的报价就是250万元，有心想买就出一个实价，就算你说的是真话，客户也不会相信你开的是实价，反而可能会弄巧成拙，怀疑你的诚信问题。此时，可以借助其他客户的出价，来进行价格卡位。比如告诉客户上个星期有位客户出价240万元，业主都不肯卖；或者用同小区或附近小区的成交个案来进行卡价，要求客户出个实价。这样，客户的心理就有一个比较明确的参考，有心想买的话，也会报出一个较为合适的价格。

正确应对示范1

客　户："这套房子多少钱？"

经纪人："250万元。"

客　户："250万元？你开玩笑吧，220万元还差不多。"

经纪人："我怎么会跟您开玩笑呢，上个星期有位客户出到了240万元，业主都不肯卖。您要是有心想买，就请出个实价吧，这样我才好同业主谈价。"

点评：如果客户出价过低的原因是对二手房市场行情不甚了解的话，经纪人就可以使用例证法来为其设定一条相对合理的议价基准线，这样一来，价格谈判才真正有了意义。

✅ 正确应对示范2

客　户："这套房子多少钱？"

经纪人："250万元。"

客　户："太贵了，220万元还差不多。"

经纪人："上个星期B栋楼的一个单元，户型、格局各方面条件都和这套差不多，就是楼层和装修稍差了一些，都卖到了240万元。您要是有心想买，就请出个实价吧，要不这样我都没办法和业主谈。"

点评：以成交的案例来进行价格卡位，让客户下一轮的出价定格在240万元以上。

情景69：我朋友上个月买时每平方米才23000元啊

❌ 错误应对

1. 简单质疑客户这种情况的真实性。

点评：这种回答容易使客户会觉得很没有面子，不利于双方后续的沟通。

2. 告诉客户楼价在涨，这个月比上个月上升了很多。

点评：楼市看涨是实情，但是一个月之内就上升这么多通常不太可能，客户会质疑你的说法，容易对你产生不满。

情景解析

如果客户提出"前不久朋友买的本小区的房子很便宜"这样的说法，房地产经纪人首先要立即分析这种情况存在的可能性，再通过询问房子的具体位置来判断客户所说的是否属实。若客户说的情况并不存在，也不要当场拆穿对方，而应该用本小区过去成交的有关数据，来让客户明白在这个小区房子的大致价格。为了保全客户的面子，经纪人一定要给客户台阶下，比如告诉客户他的朋友上个月买的房子或许是在附近另外一个小区（那个小区比该小区差，价格自然低了不少），是客户弄混地方了。

正确应对示范1

经纪人："这套房子刚好100平方米，25000元/平方米，总价是250万元。"

客　户："不会吧，这么贵，我朋友上个月才在这个小区买了一套房子，面积也是100平方米，才230万元，足足比你的报价便宜了20万元呢。"

经纪人："是这个小区吗？不会啊，有这么便宜的房子？您知道是哪一栋吗？"

客　户："好像是，我也记得不是很清楚，总之人家说的就是这个价。"（客户表现出不确定）

经纪人："张先生，这段时间以来，这个小区成交的100平方米的房子，最便宜的都要245万元，而且在顶楼，朝向也不是很好。便宜20万元的我还真没听说过。您朋友买的房会不会是他的亲戚或好朋友卖给他的呀？"（用具体数据来支持自己的说法，并为客户提供一种合理的解释，保全他的面子）

客　户："这我就不清楚了。"

经纪人："我觉得应该是这样，要不这里不会有这么便宜的房子。如果有的话，我们中介肯定都会知道。"

点评：客户是"上帝"，不管客户提出了什么样的质疑，作为经纪人，都要设法保全他的面子，只有跟客户的关系变得融洽了，谈判才会变得简单，交易也才能顺利。

✓ 正确应对示范2

客　户："这套房子多少钱？"

经纪人："250万元。"

客　户："这么贵！我朋友上个月在这里买了一套，也是100平方米的房子，才230万元。"

经纪人："不会吧，这个小区有这么便宜的房子？隔壁301那套房，上个星期才成交，成交价是252万元，户型、格局都和这套差不多。"（用具体的成交个案来支持自己的说法）

客　户："是吗？"（客户不再反驳）

经纪人："张先生，我想您那位朋友买的房子可能不是这个小区的。如果是附近的××小区，那倒是完全有可能。我这边就有一套××小区的房子，要价才225万元，要不等会我带您去看看？就是刚刚路上您问我的那一排旧房子。"（给客户一个台阶下）

客　户："不用了，那么旧的房子我没有兴趣。"

经纪人："是啊，这一带的房子，就××小区的最便宜了，因为只有它是20世纪90年代的，别的几个小区都是2002年后才建成的次新房，价格自然要比那里高了不少。"

点评：房地产经纪人要善于察言观色，这样才能从细微之处判断出客户产生质疑的真正原因。不同的问题有不同的解决方案，观察客户的一言一行，才能对症下药、有的放矢。

捅破阻碍成交的最后一层窗户纸

第七章

情景70：客户带了一大家子人前来看房

 错误应对

1. 只关注有决策权的人。

点评：很多时候，决策者跟购买者并非同一个人，经纪人的这种应对方法就容易造成购买者的不满，继而对整个推介过程产生不好的影响。

2. 只关注住房使用者。

点评：这样做的前提是住房使用者有购买决策权，否则需要重点说服的还有具有决策权的人。

3. 只关注出资者。

点评：一般情况下，掏钱的人就是作决策的人，但有些客户买房是送给父母或者儿女的，他们往往根据住房使用者的意见作决策。

4. 让他们自行商讨决定，等他们意见一致了再说。

点评：如果这样，还要你房地产经纪人干什么呢？这样应对的结果通常是客户转半天，意见不一致，最后转身离开。

情景解析

一大堆人一起前来看房，容易意见不统一，房地产经纪人比较难以掌控现场。根据经验，这些人大致可分成四类：使用者、决策者、出资者、参谋者。其中，前三者可能是同一个人，也可能是不同的人。

通常来说，使用者是最有发言权的，他们会带家人来看房，说明对房屋有一定的

兴趣，尤其是自己看过再带家人来看房的，其购买意向通常非常好；对购买决策者一定要进行重点说服，他才是影响购买的关键人士；当然出资者也不可小视，他的观点最终左右是否购买；至于参谋者，既然客户请其来做参谋，那么他的意见对客户的购买决定也会产生一定影响，最好的应对办法是用赞美来给足这位参谋面子，让他们不乱说话。

当一大家子人来看房时，只要你细心观察，就会发现里面有一个权威人物，也就是说话比较有分量的人。房地产经纪人一定要时刻关注他的反应，因为他的意见是举足轻重的。当然了，也不能忽视其他家庭成员的意见，虽然他们的意见不是决定性的，但会影响决策人物的想法。也就是说，房地产经纪人要全面考虑整个家庭成员的意见，再重点关注"购买决策者"。

俗话说"人多嘴杂"，人多了意见就很难统一。这种情况下，房地产经纪人最好能为自己找一个"同盟"，改变势单力薄的不利局面。从战略上来说，就是逐个击破，先关注最薄弱的一环，赢得对方的好感，然后利用这个人去说服尚在犹豫的其他人。这样，既能排除陪同者的干扰，又能利用他们的影响力来促成销售。

✓ 正确应对示范1

人物设定： 张先生（决策者兼使用者），张先生父亲（出资者），李先生（参谋者）。

经纪人： "张先生，您的儿子上次来看过这套房子后觉得很满意，不知道您看了以后觉得如何？"

张父亲： "看起来是还不错，只是价格贵了点，超出了我们的预算。"

经纪人： "张先生，这套房子原先业主一直坚持要82万元，要不是业主家里有事急需资金周转，是不可能这么轻易就答应80万元的。老实说，80万元这个价格已经很实在了。上个星期，也是这个小区，我们刚卖了一套户型、结构都和这套差不多的房子，不过靠近大马路，最后是以 79.5 万元成交的。您也知道，马路边比较吵，灰尘也比较多，您这套房子在小区中间，条件比那儿好多了，80 万元这个价格绝对值了。"

（用成交个案来说服出资者）

张父亲："可我们预算只有75 万元，超过这么多，我们没办法啊。"

经纪人："如果预算无法一次到位的话，可以考虑按揭贷款啊。现在的年轻人都是这么做的，等几年后经济宽裕了，再一次性付清，这样生活压力就会减轻很多。"

张父亲："我只管给个首期，这个你得问他。"

经纪人："张先生，要不这样，我现在就帮您计算一下，做七成15 年按揭，看看能不能解决这个问题？"

李先生："15 年压力太大了。"

经纪人："张先生，其实以您目前的经济实力，应该是完全没有问题的，您说呢？"

点评：经纪人面对的客户不是一个人而是一群人时，一定要先判断出这个群体中各个人之间的关系、各自扮演的角色，然后再应用话术各个击破。当参谋者提出异议时不要反驳，在无法赞美的情况下，可适当忽视，继续征求决策人的意见。

正确应对示范2

经纪人："张先生、张太太，你们觉得这套房子还有什么问题吗？"

张先生："别的还好，就是面积太小了。"

张太太："面积那么大干什么，小点好，我觉得它的格局挺好的。"

经纪人："张太太，刚听您说，你们准备要孩子了？"

张太太："是啊，双方父母一直催，我们也想着是时间要一个孩子了。这不才决定来买套房子，不想孩子出生了还是租住在别人的家里。"

经纪人："有了小孩是应该有一套房子，租住在外面的确不方便，而且租金也不便宜。"

张太太："现在什么都在涨，房租也一直涨，租房还不如自己买一套。所以我们觉得先买套两居的，省着点儿，毕竟生了孩子处处得花钱。"

经纪人："您说得没错，一家三口先买套两居的住着就够了，并不是说一辈子就住这里。当然了，您丈夫想房子大些、气派些也是可以理解的，不过我想还是先稳重些好。张先生，您太太想得可真周到，听她的不会有错的。"

张先生："她喜欢就好，小点就小点吧。"

点评：经纪人不光要对同行者的角色有一个清楚的判断，还要对客户的性格有一个大概的了解。比如本案例中，张先生明显地对张太太更加谦让，所以，经纪人可以适度地站在张太太的立场上去说服张先生，这样收效会更大。

情景71：客户带朋友前来一起看房

❌ 错误应对

1. 对陪同前来看房的朋友不予理睬，只关注客户本身。

点评：既然客户会带朋友前来一起看房，就说明该朋友的意见会对其购房决定产生一定影响。如果忽视了陪同的朋友，容易引发陪同者的不满，甚至会使其成为"购买障碍"。

2. 对陪同前来看房的朋友十分热情，对其意见非常重视。

点评：陪朋友看房的人一般都是泼冷水者的角色，对陪同者过分热情，对其意见曲意附和，只会加重客户对房源的顾虑，对成交有百害而无一利。

情景解析

客户带着朋友一起来看房，通常是请他来当参谋的。这位朋友不是懂得一点房地产，就是有过买房的经验。无论如何，他的意见对客户的购买决定还是会产生一定的影响。来者皆是客，房地产经纪人不能只顾着招待客户，而怠慢了这位"参谋"。

遇到这种情况，一个有效的方法是给足陪同前来的朋友（参谋者）面子，适时地赞美一下他，这样他就不会太为难你的。当然了，有些人喜欢不懂装懂，了解一点儿皮毛就说三道四。虽然这些人很让人讨厌，但是你也不能毫不留情地揭穿他，而是要给他留足面子。这样他才会对你有好感，才不会在你推介房屋时从中作梗。

正确应对示范

（客户王先生带了朋友刘先生前来看房，经纪人小陈接待了他们。在看房时，王先生时不时地征求刘先生的意见）

经纪人："王先生，您觉得这套房子怎么样？"

王先生："我看还好，小刘，您觉得呢？"

刘先生："朝向不错，但是户型设计不够好，次卧那个观景阳台基本上用不到，前面的大楼基本上把阳光挡掉了。如果能封起来，给你孩子弄个书房倒是不错。"

经纪人："看来，您的朋友真是位专家，我还没碰到过这么懂房子的人。"

点评：陪同者的意见只要不关乎买卖，经纪人都应该给予适当的赞美，因为人都喜欢被赞美，陪同者听了心里受用，也就不会再在小细节方面多做挑剔，甚至会站在你这一边，充当起客户的说服者来。如此一来，客户就能更快地作出购买决定了。

情景72：客户带律师前来一起看房

错误应对

1. 处处提防着律师，一旦发现他说的话对销售不利，便立即制止。

点评：律师自然是法律方面的专家，当律师发表一些关于法律的看法时，房地产经纪人应该给予其应有的尊重，不要对他的"指手画脚"表示不满。

2. 担心得罪律师，觉得他是专家就什么都是对的。

点评：在法律方面，律师就是专家，最好给予其应有的尊重。但是也不用过于被动，毕竟在房地产方面你也是专家，只要你的分析有理有据，就一定能消除客户的各种疑虑。

情景解析

二手房交易风险很大，有些客户为了规避风险，在签合同时会带着律师前来助阵。虽然律师对房子条件的好坏没有多少发言权，但是在手续办理、银行借贷方面他们懂得比经纪人多，而客户往往也相信他们的看法。但是也不用过于担心，觉得他说什么都是对的。要知道，平等是合同应遵守的一大原则，买卖双方的权利和义务应等同，而不是偏向某一方。因此，只要把握住合同的原则方向，同时抓住客户喜欢该房子的心理，就大可不必担心律师的干扰。

为了避免律师过多地影响客户的购买决定，房地产经纪人首先应该获取他的信任。在其发表看法的时候，虚心听取其意见，对其专业性表示钦佩，比如说："您这么一指点，让我也学到不少东西。"但也不能过分示弱，要把自己的立场告诉他："为了确保公平，我们中介既要保障购房者的利益，也要保障业主的利益。"表明立场之后，可以请教他："依您看，您认为我们应如何修改合同才能更好地保证双方的利益呢？"通常情况下，你的尊重和称赞会赢得对方同等的回报，他是不会过于为难你的。

✅ 正确应对示范

客　户："小王，我来介绍一下，这位是吕律师，水平很高的。"

经纪人："吕律师，您好！以前上学时我一直想上法学院，可惜考不上。以后如果还有客户想请律师或咨询法律方面的问题，我能否打电话给您，请您帮忙？这是我的名片，您能也给我张名片吗？"

点评：俗话说"人敬我一尺，我敬人一丈"，你的称赞以及为其提供客户的可能性，会让陪同的律师自然而然地"嘴下留情"。

情景73：客户虽然喜欢这套房子，却想再比较比较

❌ 错误应对

1. 顺其自然，让客户自己去比较。

点评：顺其自然的结果通常是客户看上了其他房子，或者客户喜欢的房子被其他人买走。经纪人一定要懂得掌控销售的进程与节奏，不论遇到什么样的状况，都要积极争取客户的认可，而不是消极地听之任之。

2. 表现得很心急，一直催着客户成交。

点评："欲擒故纵"的道理大家都知道，即便你心里很着急做成这笔单子，也不能表现出来。因为一旦客户意识到这点，极可能借机压价，或者提出额外的要求。

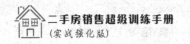
3. 打电话给客户，谎称有客户看中了这套房子，要客户赶紧来交定金。

点评： 这一招是房地产经纪人经常使用的，但也是一种较为冒险的方法，因为一旦被客户识破，不但前功尽弃，而且客户也非常有可能就此中断与你的合作。

 情景解析

客户很喜欢所看的房子，但表示还想要再比较，通常有以下几种原因：一是客户在其他中介也有看到中意的房子，可能是价格还没有谈拢，一时之间无法抉择；二是谨慎对待，想要做进一步的观察，再比较几套房子，以免过早下决定后悔；三是客户在观望市场行情，还没有准备出手。

当遇到对房子表示满意却又犹豫不决想要再做比较的客户时，房地产经纪人一定不能轻易让客户长时间地比较，而是要适时地引导客户，让其意识到如果自己一再地比较就很容易错失良机。但是，正确引导的前提是要了解客户想再比较的原因，然后针对具体原因进行相应的化解。如果是第一种原因，在获得客户中意房子的资料后，对竞争房源很明显的优点应加以承认，同时以坦诚的态度告知客户竞争房源的一些不足之处；如果是第二种原因，则应以房源抢手为由，让客户把握时机下定，否则很可能被其他客户买走；如果是第三种原因，可以通过向客户分析市场情况或引用专家看法，表示现在正是出手的好时机，一旦发现客户有所动摇，就该把握机会，促使客户及早交定金。

✓ 正确应对示范1

经纪人："吴先生，您觉得这套房子怎么样？"

客　户："还行。"

经纪人："要是没有什么问题的话，我现在把业主约过来，您就把房子定下吧？"

客　户："不急，我再比较比较。"

经纪人："吴先生，是不是您在其他地方看到过中意的房子？"

客　户："不瞒你说，我前天在××房产看过一套房子，和这套差不多，我想多比较比较再决定。"

经纪人："方便说说是哪个小区的吗？"

客　户："××小区，12楼，也是三室两厅的。其他都还不错，就是小区有点小。"

经纪人："××小区那边的地理位置也不错，挺繁华的，交通也方便。那里的三室户型我也看过，挺方正的。正如您所说的，那个小区确实小了点，只有五栋楼。小社区在绿化方面确实要差不少，缺少一些活动空间。您家里有小孩，还是找个大社区比较好，这样可以经常带小孩到户外活动，还能经常和其他小朋友玩。"

客　户："是的，我也是这么想，所以当时就没马上定。"

经纪人："这套房子一出来，我第一个就是通知您，别的客户我都还没给他们打电话呢。因为我觉得这套房子很适合您，楼层好，户型方正，南北通透，而且还是个大社区，环境非常不错。我手头上有好几个客户都想要买这个小区的房子，因为这个小区一年到头难得有那么一套房源出售。"

客　户："是的，这个小区确实不错。就是不知道价格方面能不能再优惠点？"

经纪人："吴先生，这个价格已经很优惠了。您看，旁边那个××花园，房龄比这儿还长，环境也没这儿漂亮，现在都要卖40000元/平方米了。要不这样，我把业主约过来，大家坐下来当面谈谈？"

客　户："那也行。"

点评：贬低别人抬高自己的做法永远是不明智的，相反，对客户所关注的另一套房源的优点加以肯定，事实上就是对客户眼光的肯定，反而更容易赢得客户的信任。在此之上，针对客户的需求，点出另外一套房源的硬伤，这样才能使客户的心理天平

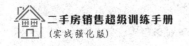

更倾向自己。

✓ 正确应对示范2

经纪人： "吴先生，您觉得这套房子怎么样？"（发现客户对房子很满意）

客　户： "还行。"

经纪人： "那您看是先交2万元定金还是3万元？"

客　户： "不急，我再比较比较。"

经纪人： "吴先生，是不是您在其他地方看到过中意的房子？"（直接向客户探询原因）

客　户： "我才看了两套房子，想多看几套比较比较之后再作决定。买房子可是件大事，不能太随便。"

经纪人： "是的，吴先生，您说得没错，买房子是件大事，需要谨慎。您刚才也仔细看过了，和您之前看的那套比这套怎么样？

客　户： "房间的光线比较好，客厅也挺大的。"

经纪人： "是啊，这套房子各方面条件都非常好，业主开的价格也很实在，很多客户都很感兴趣。买房子谨慎没错，但是很难得能看到一套这么符合自己要求的房子，如果你再去看其他房子，很可能就被其他客户抢先一步买走了。刚刚您也看到了，我们下楼的时候，另外一家中介也带客户上去看房了。"

客　户：（表现出一丝犹豫）

经纪人： "吴先生，好房子是不等人的。最近二手房交易市场非常火爆，尤其是我们店这一带的，不但地段好、交通便利，而且周边商场林立，更为重要的是有个好学校，所以这一带的房源都非常抢手，基本上是出来一套卖一套。"

客　户： "算了，我也懒得再看了。您把业主约过来，今天就定了吧。"

点评：客户买房确实是有选择权的，但是经纪人一定要懂得引导。适时地营造房源抢手的气氛，可以增加客户的紧迫感，从而使其尽早作出购买的决定。

情景74：客户说要回家和家人商量商量

 错误应对

1. "好的，那等您商量好再过来吧。"

点评：在弄清楚客户是出于何种考虑要跟家人商量就送走客户是非常消极和危险的，客户可能会被其他中介挖走，或者被家人动摇，再次回来的可能性会大大降低。

2. "您既然这么喜欢这套房子，这房子又很适合您，还考虑什么呢？"

点评：这种说法空乏且没有说服力，对改变客户的想法没有任何帮助。

3. "您这么喜欢，您家里人肯定也不会有意见，您就自己决定好了。"

点评：这种说法没有掌握好分寸，假如客户恰好是位爱家且尊重家人意见的人，那么你这种无视家人看法的态度就极易引起对方的反感。

 情景解析

当客户提出回家商量或考虑的理由时，通常会有以下几种可能：一是以此为挡箭牌，好推迟时间再作打算；二是担心自己一个人决定太过轻率，需要与家人一同商议之后再作决定；三则是此次购买并不是自己一个人可以决定的，需要征求家中多位成员的意见。

房地产经纪人在面对这种状况的时候，首先要考虑客户这么做的理由，并要对客户的做法表示理解，再通过询问或者其他方式了解客户的真实想法和原因。假如客户自己就有决策权，只是想要回去与家人商议，那么房地产经纪人可以尝试以户型畅销、条件优越等理由尽量让客户早作决定；假如客户并不是单独的决策人或者说没有决策权，那么同样也可以向客户传达房屋畅销的紧迫感，令其尽快和家人商议决定或者尽早带决策人一同前来；而如果客户仅仅是以此为挡箭牌，想要推迟购买或者得到一些优惠的话，房地产经纪人可以在允许范围内适当做一些退让或允诺，促使其能够立即作出决定。

不管属于哪种情况，当客户提出这种说辞时，最有效的方法就是让对方先交定金。只要客户下了定金，他反悔的几率就小多了。

✔ 正确应对示范1

客　户："我还是要回去和家里人先商量商量。"

经纪人："买房子这种大事的确要和家里人一起商量商量，考虑清楚再作决定才比较保险。"

客　户："对啊，等我和家里人商量清楚了再带他们过来看看。"

经纪人："那没问题。只是您看中的这套房子条件很不错，之前已经有不少客户看过后都觉得满意，万一您来晚了被其他客户买走就太可惜了。之前我有个客户也是这样，对房子很满意，条件也谈妥了，就是说要再和家人商量商量，结果房子当天晚上就被另外一个客户给买走了，他后悔得不行。"

客　户："不会吧，哪有这么凑巧？"

经纪人："王先生，这种情况可是经常都会碰到的，尤其是像您看的这种小三居，在市场上非常紧俏，基本上是出来一套卖一套。而且，有时候业主也会反悔的，比如今天谈好价格了，如果没有马上下定，再有别的客户看中了，业主很可能就会临时提价。毕竟谁都不会和钱过不去，能多卖一万元就是挣了一万元。"

客　户："那这样吧，我现在给我太太打个电话，让她请假过来看看，如果她满意我们就签了吧。"

点评：**房源抢手气象的营造可以加快客户作出决定的速度，从而将出现各种不利因素的可能性降到最低。**

✓ 正确应对示范2

客　户："我要回去和家人商量商量再作决定。"

经纪人："李先生，看得出来您对这套房子挺满意的，是不是有什么原因让您不愿意马上决定呢？"

客　户："我还是觉得这个价格偏高了些，而且中介费你们也不多给点折扣。"

经纪人："李先生，刚才您也看到了，业主的这个价格已经是底价了，没法再低了。再说了，您也知道，这个价格也已经是这个小区的最低价了，如果不是业主着急用钱，这套房子少说也可以多卖个十万八万的。"

客　户："业主的价格没法再少，那你们中介费多少再给点优惠吧。"

经纪人："李先生，您这可真是难为我了。中介费我们已经给您打了八折，要知道，像这样的好房源，我们一般都不打折的。"

客　户："多卖一套你就可以多拿点提成，你就收少点吧，打个六折，我就马上交定金。"

经纪人："李先生，我看您也是个爽快人，我向领导申请一下，看能不能多给您点优惠。毕竟以后您住在这里，我们就是邻居了。不过，六折肯定没办法的，我看看能否申请到七折。您觉得这样可以吗？"

客　户："那也行，七折就七折。"

点评：**经纪人首先要弄清楚客户是出于什么原因要与家人商量，只有这样才能做到对症下药。**

正确应对示范3

客　户："我还是要回去和家里人先商量商量。"

经纪人："李先生，看得出来您对这套房子挺满意的，是不是有什么原因让您没办法马上决定呢?"

客　户："这房子主要还是买来一家人住的，再说我刚工作不久，这买房子的首付款也主要是我爸妈出，怎么说也要让他们满意了才行。"

经纪人："李先生，看得出您很尊重家里人。您要回去商量是没问题的，只是您也知道，这套房子各方面条件都很不错，价格又实在，看房的客户真的很多。如果您不抓紧点，被其他客户先定走了，您可不能怪我啊。"

客　户："那我回去和他们商量下，明天就带他们来看看吧。"

经纪人："如果因为时间上的耽搁而跟这么好的房子失之交臂的话，真的是很令人气恼的一件事情。不如这样，你可以先交一部分定金，这等于先预留了一个购买名额，而且一旦交易达成，这部分定金就会自动转为首付款。"

客户："那行吧，不过我身上没有带多少现金，就先交5000元吧。"

点评：*说服犹豫的客户下定是一个非常明智的说法，只要交了定金，不管多少，客户返回的几率都会大大增加，因为没有谁愿意拿自己的钱去打水漂。*

情景75：客户说要考虑考虑，却迟迟不愿前来交定金

错误应对

1. 告诉客户他看中的房子有其他客户看上了，要其快点过来交定金。

点评：*这种说法很容易被客户理解为你是为了促成交易而故弄玄虚，不足以让客*

户马上前来交付定金。

2. 告诉客户几号或几点钟之前必须前来下定，否则他看中的房子就会被其他人买走。

点评：这种限期要求太过于苛刻，具有强制性意味，反而会弄巧成拙。

 情景解析

买房是件大事，客户在选择房子的时候大多是非常犹豫的，而客户一犹豫就有可能错失良机。因此，当客户犹豫是否要下定时，房地产经纪人要适当地使用一些方法让客户尽快作出决定，以便促成交易，否则自己之前花费的时间和精力就可能白费。

很多房地产经纪人都会要求客户在某个时间段或时间点前来下定，这是种好方法，但要注意控制期限。期限太松，无法给客户造成压力，很难达到限期的效果；但如果给客户的期限太过强硬、不留余地，极有可能会过犹不及，把客户吓跑。"限期"客户前来下定讲究一定的方法和技巧，如以同事的客户在某时间要过来谈购房细节为由，要求客户在这之前交定金；或者向客户透露业主要在某个时间去其他中介签约，要求客户在这之前先行落定。这样一来，既规定了客户在一定的期限内前来交定金，又不显得那么强硬，让客户更加容易接受。

✔ **正确应对示范1**

经纪人： "王先生，××花园1201那套房子您考虑得怎么样了？"（电话跟进）

客　户： "我再考虑几天，不急。"

经纪人： "王先生，是这样的，早上一位同事跟我说，他的客户对这套房很有兴趣，也表现得很有诚意，今天下午三点半的时候要过来再谈一谈。我担心他过来的时候谈妥了直接交定金，那可就麻烦了。"

客　户："这样啊，那我晚上再和家人商量一下，你再帮我留半天。"

经纪人："王先生，不是我不帮您，而是我没办法不让同事收客户的定金啊。"

客　户："你就帮帮忙，想想办法。"

经纪人："要不这样，您先交5000元的诚意金，我先用这个钱封盘。您看您是现在过来，还是中午的时候过来呢？"

客　户："那我下午1点多的时候过去吧。"

点评：说话是门艺术，经纪人若能将话术运用得当就能起到事半功倍的良好效果。本案例中，经纪人就利用同事的客户会在某某时间前来洽谈这一信息，给自己的客户营造出紧张的气氛，从而使催促客户当天就来交纳了定金。

✔ 正确应对示范2

经纪人："王先生，××花园1201那套房子您考虑得怎么样了？"（电话跟进）

客　户："我再考虑考虑吧。"

经纪人："是这样的，王先生，最近有好多客户来看这套房子，我同事有几位客户也对这套房子很感兴趣。听说有位客户下午四点的时候就要来公司找同事谈细节，我怕他过来后立即下定，那就麻烦了。所以，如果您真的喜欢这套房子，我还是希望您能在四点之前作出决定，以免错过了这么合适的房子。"

客　户："那你让我考虑一会儿，我等会儿给你电话。"

经纪人："行，那我过半个小时候再给您打过去吧。"

点评：经纪人在跟进的过程中可以适度地营造紧张的气氛，但是切不可急功近利，因为你的步步紧逼反而可能会让客户失去购买的兴趣。

情景 76：客户表示预算不够，打算过段日子再说

 错误应对

1."您是不是觉得价格太高了？"

点评：这样的回答是在暗示客户还有让价空间，从而使自己陷入新一轮的价格谈判中，更难促成交易。

2."要不这样，我为您介绍一套面积比较小的房子，您看成吗？"

点评：经纪人的这种消极应对一方面会让自己之前的努力前功尽弃，另一方面也容易让客户误认为你是在轻视他，从而对你产生不满。

3."您开玩笑的吧，看了这么久的房子，怎么可能连这点预算都没有？"

点评：这完全是一种挑衅的语气，不是一个合格的经纪人该有的态度。

情景解析

在临近成交的时候，客户表示预算不够，出现这种情况的原因不外乎两个：一是希望拖延时间，对房子进行更为全面的观察和了解，以免入住后才发现问题；二是为了让房地产经纪人或业主主动让价，给出更低的折扣和优惠。一般情况下，客户表示预算不够，则更倾向于"逼"房地产经纪人或业主降价，获得更多的利益。当然，也不排除客户的购买力确实有限。

遇到这种情况，首先要弄明白究竟是什么原因致使客户犹豫不决。如果客户是想要对房源有一个更全面的了解，那么你就要针对客户疑虑的地方进行更为详细的解说，消除其疑虑，增强客户的购买信心；如果客户是想借此要求降价或者得到更多优惠，

是否让价或者要让出多少折扣，要根据具体情况而定：若是还有退让的空间，在一番讨价还价之后可以稍作让步；若是没有退让的余地，便要坚守价格，从房源的优势和价值来说服客户。如果客户真的是预算不足，那要搞清楚是总价超出了预算还是首付款预算不足，再具体问题具体分析，看看有没有解决的办法。实在没有解决的办法时，就另行为客户寻找房子。

✓ 正确应对示范1

客　户："我的预算不够，还是过段日子再说吧。"

经纪人："王先生，您和家人去看房的时候对这套房子都挺满意的，您是不是还有其他什么疑问呢？没关系，您直接说。"

客　户："我一个朋友也是做地产的，他说朝北的房子不值这个价，让我多考虑考虑。"

经纪人："王先生，虽说这套房子朝北，但是它在17楼，通风和采光都很不错。您那天也看了，只要有太阳，室内还是很亮堂的。而且正因为朝北，业主才会开这么低的价格，综合起来，这套房子真的是物超所值。我感觉您和家人对这套房子都很喜欢，俗话说'千金难买心头好'，难得碰到这么一套这么合适的房子，您说是吧？"

客　户："也对，你就再跟业主说说，让他便宜一些……"

经纪人："如果您真的有心想买，现在就能落定的话，我可以替您向业主争取一下，看他肯不肯让步。但我不能保证业主肯定同意，也不能保证他肯让多少。"

客　户："行，你就尽量帮我争取争取。"

点评：当客户表示预算不够时，经纪人可以直接询问其是否是对哪些方面存有不满，这样可以帮助经纪人在最短的时间内找准客户犹豫的症结所在。如果是因为价格问题，经纪人可以以向业主争取为由，促使客户下定，不管定金是多是少，只要下定了，客户反悔的几率就大大降低了。

正确应对示范2

客 户: "算了，总价太高了，我买不起。"

经纪人: "张先生，这段时间您也看了不少房子，这个小三居是最符合您要求的一套，您自己看过也觉得挺满意的。过段时间再作决定的话，如果其他客户看上买走了，就太可惜了。您是不是还有其他什么疑问呢？没关系，您直接说。"

客 户: "我也不拐弯抹角了，确实是预算不够，家里刚好有点事情急需用钱。"

经纪人: "您说的是首付款不够，对吗？"

客 户: "是的，月供多少我倒是无所谓。"

经纪人: "张先生，那您的首付有多少呢？"

客 户: "100万元以内吧。"

经纪人: "那这样，我帮您问问评估公司，看看这套房子可以评多少钱，那样就可以知道能够贷多少款、首付需要交多少了。"

客 户: "那行，只要首付够，我就买了。"

点评: 确实也有因为资金方面出了状况而放弃购房的客户，面对这样的客户，房地产经纪人不能轻言放弃，而是应该积极地帮客户寻找解决问题的办法。只要问题能够得到妥善处理，客户不仅会爽快买房，还会对你心存感激，成为你的忠实客户。

情景77：客户交了定金后却要求退定

错误应对

1. 轻易答应客户的退定要求。

点评: 中介所签的买卖协议多是三方协议，必须经买卖双方和中介三方协商一致后才能退定。作为中介方，房地产经纪人是无权答应客户的退定要求的。

2. 不管客户的原意如何，直接告知交付定金便不予退房，或是要退房便要交纳违约金或不返还定金。

点评：这种方式太过强硬，容易引发客户的不满，不是解决问题该有的态度。

3. 直接与客户产生争执。

点评：与客户发生正面冲突，不管理在哪一方，都会给经纪人和中介公司的形象造成极坏的影响，对问题的解决却于事无补。

 情景解析

当客户前来要求退定时，房地产经纪人一定要注意以下几点：首先，最好不要直接在门店中接待这类客户，最好单独带往会客室洽谈；其次，要先弄清楚客户退房的真正原因，再对症下药加以劝解；最后，要尽最大努力挽回客户，即使没办法挽回，也要清楚地向客户解释责任归属问题，表明一切严格依照合同条例办理。

一般情况下，容易导致客户萌发退定念头的原因有几种：一是房价不稳，客户担心此时买房会亏损，所以便在交付定金后要求退房；二是客户是受到身边人的言论影响，觉得房价过高或者上了中介的当等，所以急于退房；还有一种情况是客户在交定金之后，筹集房款过程中出现了一些资金问题，导致无法继续交易。

在了解了客户退定的真实原因之后，且不论这个理由是否合乎情理，都不应该立刻答应对方的要求，而是要想办法尽力挽回客户，将损失降至最低。对于因受市场环境影响而打算退定的客户，房地产经纪人可以从专业的角度或者援引一些专家的看法，为客户分析房产的趋势走向，消除客户的疑虑；而对受其他人言论影响而动摇的客户，房地产经纪人就应该从房子的优势出发进行劝解，增加客户的信心，打消客户的不安和疑虑；对于因资金问题而要求退定的客户，房地产经纪人在对其表示理解的前提下，应向其说明合同签订后的法律责任，避免其将责任归结到自己头上。

总而言之，当客户要求退房时，找到症结所在是关键，以便有的放矢，尽一切努力争取让客户回心转意。

✅ 正确应对示范

客　户："小王，那套房子我不要了，你让业主把定金退还给我吧。"

经纪人："刘先生，发生什么事了？您先别急，我们先坐下来喝杯茶，再慢慢说。"

客　户："好的。"

经纪人："刘先生，我不太明白是什么原因让您突然想要退定呢？"

客　户："这两天新闻一直在报道，国家不断出台政策抑制房价，大家都说房价一定得跌，我这房子还没到手呢就要亏了，你赶紧帮我退了。"

经纪人："刘先生，不知道您发现没有，国家说的是要'抑制房价过快上涨'，而不是说要'让房价下跌'。国家打击的是炒房客，而不是刚性需求。所以说，如果是自住，关键是买到称心的好房子，房价涨跌和我们关系不大。"

客　户："怎么会关系不大呢？如果房价跌了我再买，说不定可以省下几十万元呢。"

经纪人："刘先生，就算房价真的跌了，那您也不一定能以那么低的价格买到这么好的房子啊。再说了，您买的这套房子，地段这么好，交通、周边配套都没得说，住起来非常舒适，您还有什么好担心呢？不仅价格划算，您自己也非常喜欢，如果轻易就退了，以后恐怕就很难再找到这么称心如意的房子了，不是吗？"

客　户："你还是给我退了吧。"

经纪人："刘先生，退定不是我所能做主的，房子是业主的，定金也是业主收的，我们已经签订了合同，如果要退定，根据法律规定和合同约定，您的定金也是要被业主没收的。而且，我们已经签了三方协议，说明我们中介的居间活动已经成功完成，中介费您也是要全额支付的。当时在签订合同时，这些相关注意事项我们已经向您说明清楚了。您想想看，现在退定，不但要损失定金、中介费，而且将来房价要是再上涨，您不是损失得更多吗？"

客　户："那好吧，买就买了。"

点评：经纪人遇到客户反悔的情况，首先不能自乱阵脚，应该先弄清楚客户要求退定的真正原因，只有这样才能对症下药。不管是出于何种原因，经纪人都应该努力说服客户放弃退定的念头。这期间，要"软硬兼施"：一方面要再次强调房子的优势所在，使客户不舍得放弃此套房源；另一方面要搬出之前的三方协议，明确表示退定不仅会跟好房子失之交臂，还会因此而损失更多。

让投诉变为拥护　　第八章

情景78：客户情绪十分激动，一进门就大声嚷嚷

 错误应对

1. 不重视，没有立刻采取应对措施或者敷衍了事。

点评：没有争吵的对手，客户可能会暂时冷静下来，但这种不被尊重的感觉也极有可能会让客户的怒火愈燃愈烈，从而使场面失控。

2. 在中介门店直接处理问题。

点评：不管情理在哪一方，客户上门来理论，都会对门店造成不好的影响，应该另外单独安排空间接待这样的客户。

3. 强硬要求客户保持冷静，语气或态度粗暴，甚至与其发生争执。

点评：以强制强只能是将当前的矛盾进一步激化，对解决问题有害无利，反而有可能令事态扩大。

情景解析

房地产经纪人的服务工作并不是在房产交易结束后就画上了句号。交易结束，充其量只能算是完成了一半的工作，交易的后续事项更要小心对待，良好的市场口碑对个人和公司来说都是成功的基石。处理客户投诉是一项非常重要的工作，处理人的一举一动、表达方式或者语气态度都会对问题的解决产生极大的影响，房地产经纪人不经意的一句话，或许就会令局面更难以收拾。

鉴于前来投诉的客户情绪较为激动，若在开放的门店环境中直接处理问题，势必会对公司形象造成不利的影响，也会妨碍其他同事的日常工作。为客户提供单独的接

待空间，不仅阻止了问题解决前不利信息的对外扩散，也会使客户觉得自己受到了重视，且得到了应有的尊重。

客户刚进门或者刚要开始阐述问题时，情绪波动必然还是比较大的，言辞也会比较激烈，房地产经纪人势必要给客户一段缓冲时间，并对此给予理解，避免与客户发生冲突。

待客户情绪较为稳定，房地产经纪人要耐心地聆听客户的描述，不仅要注意客户表达的内容，也要注意客户的语气和神情变化等，以进一步掌握情况。听取客户表述的过程中，应及时记录下要点，以准确把握处理重心。了解情况之后，房地产经纪人按自己的理解整理所得到的信息并向客户复述，以确定是否一致，同时也是在展示对客户的尊重以及想要解决问题的诚意。在采取任何处理措施之前，房地产经纪人都应保持良好的处理态度，无论前来投诉的客户友善与否，都要笑脸相迎、礼貌对待。

✅ 正确应对示范1

客　户："你们这群骗子，这房子我不要了，把钱还给我！"

经纪人："王先生，您先别急，有什么问题我立刻为您解决，这边请，先喝杯茶。"
（引至会客室）

经纪人："请先喝杯茶，有什么事慢慢说。"

客　户："好的。"（情绪稍微稳定）

经纪人："请问是哪方面出了问题呢？为什么突然说不要房子了？"

客　户："……"

经纪人："您的心情我能明白，换作是我，也一定会紧张，但是……"

点评： 面对言辞激烈的客户，一定要另辟相对独立的空间来接待，否则会对同事的日常工作以及在场的客户产生不良影响。经纪人应先对客户表示理解、认同，这有助于帮助客户平复过激的情绪，等到气氛稍微缓和一些了，再开始分析具体的原因。

客　户："叫你们负责人出来，你们到底是怎么做事的！"

经纪人："先生，您先别生气，有什么问题我们一定会为您解决的，您这边请，先坐下再说。"

客　户："让开，叫你们负责人快点出来，出了事就不管了是吧？"

经纪人："对不起，您先冷静下，有什么问题告诉我们，等我们调查清楚之后一定给您好好处理。我们主管暂时有事外出了，您先到会客室休息下，喝杯茶，我现在就通知他回来。"（告知主管）

客　户："那行。"

经纪人："我们主管在赶回来的路上，大概15分钟之后就到了。您可不可以先告诉我发生什么事了？"

客　户："……"

点评：时间可以冲淡一切，包括情绪。经纪人面对情绪激动的客户，要为其提供相对安静的空间和独处的时间，待其心情稍微平静一些之后，你才能更清楚地从其言辞中明白事情的原委，找到解决问题的方案。

情景79：业主抱怨房地产经纪人打电话太频繁

错误应对

1. 为了避免业主生气，不再打电话联系。

点评：电话是经纪人的一大利器，如果业主一抱怨你就缴械投降的话，是永远也无法帮业主卖出房子、无法做成一笔交易的。

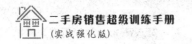
2. 一如既往地打电话给业主了解情况。

点评： 既然业主已经明确表示电话太过频繁，你还一如既往地打，只会让业主认为你在有意"骚扰"。

3. 假借其他中介公司的名义打电话给业主了解房屋情况。

点评： 这种做法涉及到不正当竞争，一旦被业主识破或者被其他中介公司知晓，不仅有损于自己的职业道德，还有可能让你自己甚至你所在的代理公司背负极负面的评价。

 情景解析

业主如果委托多家地产中介公司出售房源，那么就会有多位房地产经纪人打电话咨询，有时候甚至同一公司不同的房地产经纪人向其打电话咨询。一般情况下，房地产经纪人咨询的问题大同小异，因而业主会抱怨房地产经纪人打电话太过频繁。如果房地产经纪人的态度不好，则更会引起业主的不满，甚至会被定义为"骚扰"电话。

为了避免影响业主的正常生活、引起业主的不满，房地产经纪人首先应该从跟进技巧着手改进沟通的方式。当业主表示已经有多位房地产经纪人打电话咨询的时候，应先向业主表示歉意，同时巧妙地转换话题，把打扰说成是以此为业主处理投诉。其次，在平时的时候多用手机短信或者 MSN、QQ 等联系方式与业主沟通，此后打电话给业主时，就会显得比较融洽。最后，从地产中介公司内部入手，改善客户信息安全管理及跟进管理制度，严禁多个房地产经纪人轮番给业主打电话咨询，以免遭到业主的抱怨。

正确应对示范1

经纪人： "刘小姐，您好，我是××地产的小陈，请问您××小区那套三室一厅的房子现在卖多少钱?"

业　主："怎么又是××地产，前两天你们不是刚打了两三个电话来问过吗？"

经纪人："真不好意思，又打扰您了，我这次打电话来正是为了这事。"

业　主："什么？"

经纪人："最近有客户向公司反映，说有很多同事打电话过去问同样的问题，影响到了他们的工作。如果之前也有多位同事打电话给您，我代表公司向您郑重地道歉。另外，我想核实一下您那套房子的一些信息，记录在电脑上，让其他同事都能看到，这样就避免大家轮番打电话向您问同样的问题了。"

业　主："哦，好！"

经纪人："请问您那套房子现在卖多少钱？"

业　主："……"

点评：业主表示对中介的电话不胜其烦时，明智的经纪人应该及时转换思路，主动为业主提供更好的服务。业主看到自己的烦恼可以得以解决，一定会积极配合的。

正确应对示范2

经纪人："张先生，您好，我是××地产的小陈，请问您××小区那套三室一厅的房子现在卖多少钱？"

业　主："你们这些人，每天都要打电话来问，烦死了，我不卖了，以后不要再打电话过来了。"

经纪人："打扰到您了，真的很抱歉，但是我还是希望能耽误您几分钟，毕竟为客户把房子卖个好价钱是我的工作。"

业　主："什么意思？"

经纪人："是这样的，我有一个客户想买您这种户型的房子，因为这套房子的各方面条件都很符合他的要求，所以我想了解一下您那套房子现在卖多少钱？"

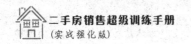

业　主："哦，165 万元。"

点评：遇见被中介电话烦得火冒三丈的业主时，经纪人不能轻言退缩，诚恳态度、同理心思考一定会让业主看到你的良苦用心，等业主的情绪稍微平静后，自然会告知你想要的信息。

情景 80：客户投诉业主推迟交房时间

 错误应对

1. 没了解清楚情况，就承诺客户一定能让其按时收到房。

点评：话不能说得太满，房地产经纪人尤其要懂得为自己留有余地，若是没有了解到清楚状况就仓促作出承诺，到最后无法兑现时，客户会怀疑你的办事能力，甚至怀疑你们公司的规范性。

2. 了解情况后没有及时协助解决问题。

点评：客户的投诉一定要及时解决，否则只会让客户认为你对他不够重视，容易引起他的不满。

3. 推脱责任，让客户自己去找业主协商。

点评：交易合同签订之后，经纪人的中介活动并未结束，你有必要、有义务协助客户解决此类问题，这种推脱责任的做法的影响非常恶劣，不仅会让客户火冒三丈，甚至还会引发肢体冲突，使场面失控。

情景解析

在签完合同之后，客户却未能按时收到房子，这种情况在房地产买卖中总是存在的。引起该情况的原因很多，有的是客户自己的原因造成的，也有的是业主的原因导

致的，或者是房地产经纪人的工作不到位引起的。

不论是哪种原因引起的，作为专业的房地产经纪人，首先要做的是了解具体情况，认真地倾听客户投诉，真正了解客户的问题；其次是认同客户的感受，平息客户的怒气，然后快速地给出解决的方案，给客户一个满意的答复。拖延处理或者随意应付了事，只会让客户的抱怨越来越强烈，因为他们感到自己没有受到应有的重视。

有一定需要注意，客户在投诉时总是情绪激动，甚至可能言辞激烈。房地产经纪人要保持冷静，克制自己的情绪，切不可与客户发生争吵。否则，只会使事态扩大，导致客户失望地离去。

✅ 正确应对示范

客　户："小陈，你帮我问问业主，他是怎么搞的，说好12号交房，可是昨天却告诉我要月底才能交房。"

经纪人："王先生，不好意思，来，您先坐！"

客　户："合同里白纸黑字可都是写好了的，他这么做可是违约。"

经纪人："真的很抱歉，关于这个问题，我正准备找您谈谈。是这样的，昨天业主也跟我打过电话，他的意思是希望能拖延几天交房，因为他新家刚装修，如果马上住进去对身体有害，希望你能通融一下，耽搁您半个月左右的时间，他表示愿意支付您半个月的房租。"

客　户："我租的房子过半个月也要到期了，其他人已经准备要搬进来了，我总不能去另外再租一套房子吧，没这么办事的！"

经纪人："真的不好意思，没能让您及时收到房。要不这样，我跟业主商量下，看他能不能在您房租到期的那天搬走，问题毕竟出现在他那里。"

客　户："那还差不多，这事你得快点搞定。"

点评：面对前来投诉的客户，不管出于何种原因，都要尽量避免在门店直接接待，而应将投诉客户引导至相对独立的会议室或者休息室，这不光有利于平复客户的情绪，也不至于对门店形象造成不必要的影响。经纪人一定要仔细倾听客户的投诉事项，并及时给出可行性的建议，否则只会让客户心中的怒火愈燃愈烈。

情景81：房价下跌了，客户说被房地产经纪人给骗了

❌ 错误应对

1. "买房子就和炒股票一样是有风险的，是您自己选择购买的，就要自己承担风险。"

点评：这种说法过于直白，并且完全把责任推向客户，只会让其情绪更为激动。

2. "我们是白纸黑字签了合同的，您继续这么无理取闹也没用，就算闹到了法庭，也没有相关律法条例支持。"

点评：以硬碰硬只会让客户怒气更大，不光无益于事情的解决，反而会使场面失控。

📚 情景解析

房产作为一项商品，除了自住之外，还可以作为投资。既然是投资，就必然会有风险。尤其是在目前的经济环境中，各种不确定因素充斥其中，房产的价格不断波动是正常的现象。况且，在购买之后因房价下跌而要求取消交易本身就缺乏法律依据。

在处理此类问题时，房地产经纪人应注意从两个方面着手：首先向客户表示相关的法律条例，令其明白这种要求是不受法律支持的，房地产经纪人本身没有责任或义

务为客户赔偿损失；其次，应以理服人，耐心向客户说明这种做法是违反市场经济原则的，任何投资的风险谁都没有办法精准预料到，即使是房地产中介也常常会遭受损失，这些都是不可避免的，客户在购买前就应该考虑到。

有一点需要注意的是，为了避免此类情况发生，房地产经纪人在与客户沟通时，千万不要信口开河地向客户保证房价肯定会上涨或不会下跌。即使是再权威的专家学者，他也是无法准确判断市场的。

✓ 正确应对示范

客　户："小王，上个月你还是一直和我说房价不会跌，现在跌了，怎么办？你得赔偿我的损失！"

经纪人："李先生，您先别急，有什么事我们坐下来慢慢说。"

客　户："那房子我才买了不到一个月，这价钱就跌了这么多，我不能吃这么大亏，赶紧给我退了。"

经纪人："李先生，您的心情我能理解。不过，您也应该明白，没有只涨不跌的商品，房价涨涨跌跌也是很正常的事。"

客　户："您上次还和我说房价不会跌，我才买的。"

经纪人："李先生，请不要误会。上次您问我房价走势会如何，我和您说了，我个人觉得房价不可能大幅下跌，我说的只是我个人的看法。如果按您这么说，那当时报纸上说房价还会涨的专家，他们是不是得赔偿所有购房者的损失？买卖决定权在您，我们中介只是为你们提供购房服务。如果这次房价涨了，我们也不可能会和您分利润，您说是吧？"

客　户："算了算了，也怪我当时没考虑清楚。"

点评： 不管客户的情绪如何激动，房地产经纪人一定要掌控好自己的情绪，要通过语气、语调以及表情、肢体语言等带动客户趋向平静。只有心平气和地交谈才能还原事情的本来面目，也才能理清楚孰是孰非。

情景82：客户打电话来投诉某房地产经纪人服务态度差

 错误应对

1. 没有仔细聆听客户的意见，并且随意搪塞客户或敷衍了事。

点评：这种做法是不负责任的表现，只会令投诉的客户更加恼火。

2. 对投诉的客户态度恶劣，语气和态度显得极其不耐烦。

点评：本来就是投诉服务态度的，结果处理投诉的人也是一样的态度，客户会怎么想？客户一定会认为你们这个中介公司的人都是这样的，这十分有损公司的形象。

3. 不管事实如何，故意偏袒自己的同事。

点评：在弄清事实之前最好不要有明显的态度，应告知客户自己会及时找相关人员核实情况，之后再给出处理意见。否则，会影响到公司在客户眼中的诚实度和可信赖度，可能导致其他合作机会流失。

情景解析

处理这类客户投诉问题，房地产经纪人首先应避免投入个人感情因素。不论情况如何，都应该先仔细倾听客户的陈述，并及时对客户表示道歉，努力使客户的不满情绪有所稳定或降低。倘若客户的情绪波动较大，表达得不够明白或者条理不够清晰，可以适当地进行引导，让其说清事情的来龙去脉。倾听的过程中应该及时做好记录，然后向客户表示会立即着手处理，并在短时间内会联系客户告知其处理结果，最后再次对客户致以歉意，感谢客户对公司提出的意见。在对话过程中，应避免对客户作出一些未知的承诺，假如事后无法兑现，反而更加损害了公司形象。

还有一点，房地产经纪人通常没有处理此类客户投诉的权力。因此，在安抚客户之后，可告知客户自己会向领导汇报情况，表示领导一定会妥善处理的。必要的时候，可以让领导给客户打电话，告知其处理结果。

对客户投诉的良好处理，不仅能够重新赢得客户的信任，还有利于提高该客户对公司的忠诚度，良好的市场口碑才能够为公司带来更多的交易机会。

正确应对示范1

客　户："喂，我要投诉你们公司的那个小吴，他的服务态度真恶劣！"

经纪人："先生，对不起，请问您贵姓？您说的是哪个小吴？可以把事情经过详细对我说一遍吗？"

客　户："我姓李，上周五刚和你们签了合同。我昨天去你们公司问些后续交接的问题，原本接待我的那个小吴居然理都不理我，还说很忙没时间，说什么有什么问题之前都告诉过我了，让我自己回去看资料，正眼都不看我一下，这是什么态度啊！"

经纪人："李先生，请问您说的是吴××吗？"

客　户："没错，就是他，收了钱就不管事了，你们可得给我个说法。"

经纪人："李先生，发生这种情况我们很抱歉，您刚才所说的事我都记录下来了，等下就会立刻向公司汇报并展开调查，如果情况属实，我们一定会给你一个满意的交代。请您留下联系方式，我们会在三天之内联系您的。"

点评：接待客户的投诉一定要保持理性的头脑，应该让客户感觉你是站在一个相对中立的立场上来处理这件事情的，并且给出处理的时限，这样才能让客户看到你的诚意。

✓ 正确应对示范2

客　户："你们公司经纪人的服务也太差劲了。"

经纪人："先生，对不起，请问您贵姓？"

客　户："我姓李。"

经纪人："李先生，请问是什么事情让您这么生气？"

客　户："我这房子才刚买了半个月，阳台这边就开始漏水了，打电话给之前负责的小李，他居然说这不属于他的职责范围，让我自己找人修理，然后就挂断了电话。这是什么态度啊，卖完房子就撒手不管了？"

经纪人："李先生，非常抱歉，您说的这些情况我已经记录下来了，我会立刻向领导汇报，尽快给您一个满意的答复，请您留下您的联系方式，一周内我们就会和您联系。也谢谢您对我们公司的批评和监督，我们一定会加强公司员工管理，避免再次出现这类问题。"

客　户："你们可别光说不做啊，假如一周后事情没解决，我一定会投诉到底的！"

经纪人："发生这种事真的很抱歉，我们一定会严格认真地处理，直到问题解决，请您务必放心，谢谢您的反馈。"

点评：客户投诉时可能夸大一些情况，但就基本事实而言，客户一般不会无中生有。接待投诉的人员一定要表示诚挚的歉意，并表示一定会在短时间内核实情况，然后给出处理意见。

情景83：客户投诉的问题根本不存在

 错误应对

1. "根据我们的调查根本没这回事，我们没有办法帮您。"

点评：这种说法过于直白，完全不给客户留情面，不利于客户关系的维护。

2. "您这么说也没有办法，这根本不是我们的问题。"

点评：这种事不关己高高挂起的态度，会拒客户于千里之外，也有损公司的形象。

3. "你怎么这么不讲理呢，专门来找麻烦的是吧！"

点评：这样正面地与客户发生争执，不是一名合格的经纪人该有的态度。一方面容易引发客户的不满或恼怒，令事态更加严重，另一方面也会给公司的整体形象带来极大的负面影响。

情景解析

不论事实如何，只要给予客户应有的尊重和正确的对待，令他们感觉自己得到了足够的重视，觉得你能够为他们的利益做考虑，他们就会认可你的工作。

即使经过证实，客户所投诉的问题并不存在，也不能一味地将责任归咎于客户，任何时候都不可以主动地激怒你的客户。正确的做法应该是及时向客户道歉，道歉并不意味着你承认了自己有错，只是通过这样的形式来尽力平复客户的不满情绪。在此之后无须有过多的动作，完全可以将问题交由客户自己解决，用和善的言语询问客户是否还需要其他帮助，或者主动站在客户的立场考虑问题，让客户感受到你对他的真诚，客户便不会过多地为难你。

记住一点，无论客户怎样无理取闹，房地产经纪人都应该尽量避免发生冲突，即使暂时吃点亏，也要注意维护公司整体的形象，凡事以大局为重。

✅ 正确应对示范1

经纪人："王先生，给您带来麻烦，真是非常抱歉。但根据调查，您所说的问题责任并不在我们这方，我们也没有办法对您作出任何答复。"

客　户："反正你们今天就得给我把这事解决了。"

经纪人："根据规定，这个问题的确不在我们责任范围之内，我们实在没有办法作出处理。不过我们还是很乐意帮助您，请问有其他我们能帮得上忙的地方吗？"

点评：即便客户耍赖也不可能是无底线的，和善地询问能否在其他方面给予其帮助，会令客户自知理亏，并且让其感受到你的真诚。

✅ 正确应对示范2

经纪人："王先生，您的心情我能理解。您请放心，倘若是我们的问题，公司一定会负责到底。但您刚才所说的的确不在我们责任范围之内，我们目前无法帮您解决。或者您可以等我们进一步详细调查后，再给您一个满意的答复，您看可以吗？"

客　户："好吧。"

经纪人："谢谢您对我们公司的信任和支持，如果再有什么问题的话您可以随时联系我，我一定尽力帮助您。"

客　户："好的，谢谢。"

点评：当辨明客户投诉的问题不是己方责任后，也不可过于直接地打发客户，可以找借口适当地拖延时间，让客户冷静。

情景 84：客户投诉的问题确实存在，是公司的责任

 错误应对

1. 没有及时告知客户解决方式，令其等待过久。

点评：让客户等得过久，会让其误认为被忽视，不满的情绪也会越积越多，原本能圆满解决的事情反而变得不好收场。

2. 只是将解决方式告知客户，不论对方是否接受都不再理会。

点评：面对客户的投诉，经纪人要比平常多十倍的耐心。有了解决方案后，假如客户有任何不理解或不明白的地方，你都应该详细地为客户说明，努力令客户满意并接受解决的结果，不应该认为事件就此结束而不再理会客户。

3. 随意向客户作出超出自己职权范围的承诺。

点评：经纪人不能随意向客户许下任何承诺，否则，一旦承诺无法兑现，客户将会对你个人和你所在的公司失去信任。

情景解析

研究分析表明，客户前来投诉一般会有以下几种需求：希望得到应有的尊重和重视；希望问题能够尽快得到解决；希望过失者能得到相应的惩罚；希望得到应有的赔偿；希望同样的问题今后不再发生。

倘若经过调查，客户所投诉的问题的责任确实在中介方，就应该立刻对问题进行分析研究并迅速制定解决方案，以告知客户。如果问题是因某些相关责任人所导致，就应该适当地通过一些方式对其进行惩罚，给客户一个说法。关于赔偿问题则

需要在规定范围内按约定条款严格执行，并应按照公平原则进行处理。无论是出于哪方面的原因，在告知客户解决方案之后，都应向客户承诺保证类似的情况今后不会出现，以安抚客户的情绪。每一位投诉的客户的需求都不尽相同，倘若没有好好了解他们的情况，只为解决问题而解决问题，往往无法解决矛盾，反倒有可能令矛盾更加激化。

假如客户对解决方案不理解或者不满意，房地产经纪人就需要对其进行耐心的解说和劝导，或者将问题及时提交给上级领导处理。

✅ 正确应对示范

经纪人："刘先生，非常抱歉给您带来这么多的麻烦，耽误了您不少时间和精力。您之前反映的问题我们已经调查过了，的确有我们公司的部分责任。经过公司的研究决定，将补偿您40%的损失，您看怎么样？"

客　户："不会吧，才赔偿40%损失？"

经纪人："刘先生，出现这种问题是我们都不愿意看到的。您也知道，当时合同附件条款是您和业主共同探讨列明的，主要责任在于你们。当然，出现这问题我们中介方也有一定的责任，在签协议时没有检查清楚。我们也是从维护客户关系的角度出发，希望将客户的损失降到最低，所以主动提出赔偿40%的损失。"

客　户："那好吧，我下午去你们公司，我们把这事情解决了。"

经纪人："好的，刘先生，下午我会在公司等您。再次为这件事情向您道歉，我们向您保证，以后在这方面一定会加强防范，感谢您对我们工作的支持和理解！"

点评：客户对处理意见有异议时，经纪人一定要作出合理的解释，辨明主次责任，并让客户看到你处理此类事件的诚意。

情景85：客户投诉的问题确实存在，但其要求太高

 错误应对

1. 不理会客户是否愿意，只按规定给予补偿。

点评：太过强硬的处理方式会使事态激化，容易导致客户寻求第三方机构进行投诉，为公司带来不必要的麻烦，也给公司形象带来负面影响。

2. 轻易答应客户的要求。

点评：这是被客户牵着鼻子走的消极应对方式。在客户的要求明显超出规定时，这种做法只会陷自己于被动局面，为解决问题带来更多困难。

3. 与客户谈判无果便不再理会对方。

点评：这种"冷"处理方式与第一种相似，都太生硬，不仅无法消除客户的负面情绪，还有可能令情况变得更加糟糕。

情景解析

对于客户的过高要求，房地产经纪人既不能一口回绝，也不能随便答应。首先要判断该投诉是否是自己能够解决的，如果是，那就要快速给客户一个解决办法并解释具体原因。当客户不接受时，房地产经纪人就要及时使用法律武器来维护公司利益，例如向客户表明这种解决方式是合情合理、符合法律规定的。

其次可适当地为客户提供一些象征性的额外补偿，尽量降低客户的损失，减少其情绪上的不满。倘若客户较为棘手、软硬不吃，或者问题已经超出了自己的职权范围，就要及时地将其提交给上一级领导。在客户投诉问题的处理上，上级领导处理起来往

往相对比较容易，这是因为人们通常对高职位的人总是怀有推崇和信服的心理，因此，在碰到自己无法解决的投诉问题时，要记得及时将问题反映给上一级领导，或许这样就能节省不少的时间和精力。

✅ 正确应对示范

客　户： "你们明明答应了可以在年底之前把房子的相关问题都处理完，合同上也清清楚楚写着，现在眼看着就要过年了，我们一家还没有办法搬进去，而租住的房子马上就到期了，你让我们一家怎么办？"

经纪人： "黄先生，真的很抱歉，这的确是由于我们的疏忽造成的，我们现在已经在抓紧处理这件事了，尽力将处理时间缩到最短。经过研究，公司决定按合同规定给予您房款2%的补偿，我们会在短时间内赔偿给您。"

客　户： "就2%有什么用？最近几天我们来来回回地往你们这儿跑，工作也给耽误了，而且年前还不知道能不能拿到房子，得多赔偿我们一些，少说也得5%房款。"

经纪人： "黄先生，您先别激动，我们这赔偿都是按合同上的规定来的，不是凭空给的，这合同您也签了字，是有法律效力的。"

客　户： "那你们也不能就这么打发人啊。"

经纪人： "实在很抱歉，我们也不想造成现在这种情况，给您添了这么多麻烦，实在过意不去。这样吧，我再向领导请示一下，看看能不能再额外帮您支付一年的物业管理费，您看怎么样呢？"

客　户： "那好吧，我等你答复。"

点评：当合同上的规定与客户的要求出入过大时，经纪人首先要明示从法律层面讲，客户的要求是没办法得以实现的，但是出于平息事态的考虑，可适当地为客户提供一些象征性的额外补偿方式，以尽量降低客户的损失，促进问题的快速解决。

参考书目

1. 魏玉兰．房地产经纪人培训教程．北京：京华出版社，2008

2. 周帆．房子就该这样卖．北京：机械工业出版社，2010

3. 陈信科，范志德．二手房销售技巧——房地产经纪人的38堂必修课．北京：机械工业出版社，2008

4. 王珺之．二手房就该这样卖．北京：机械工业出版社，2011

《二手房销售超级训练手册（实战强化版）》
编读互动信息卡

亲爱的读者：

　　感谢您购买本书。只要您以以下三种方式之一成为普华公司的会员，即可免费获得普华每月新书信息快递，在线订购图书或向我们邮购图书时可获得免付图书邮寄费的优惠：①详细填写本卡并以传真（复印有效）或邮寄返回给我们；②登录普华公司官网注册成为普华会员；③关注微博：@普华文化（新浪微博）。会员单笔订购金额满300元，可免费获赠普华当月新书一本。

哪些因素促使您购买本书（可多选）

○本书摆放在书店显著位置　　　　○封面推荐　　　　　　　○书名
○作者及出版社　　　　　　　　　○封面设计及版式　　　　○媒体书评
○前言　　　　　　　　　　　　　○内容　　　　　　　　　○价格
○其他（　　　　　　　　　　　　　　　　　　　　　　　　　　　　　）

您最近三个月购买的其他经济管理类图书有

1.《　　　　　　　　》　　　　　2.《　　　　　　　　　》
3.《　　　　　　　　》　　　　　4.《　　　　　　　　　》

您还希望我们提供的服务有

1. 作者讲座或培训　　　　　　　　2. 附赠光盘
3. 新书信息　　　　　　　　　　　4. 其他（　　　　　　　　　　　）

请附阁下资料，便于我们向您提供图书信息

姓　　名　　　　　　联系电话　　　　　　　职　　务
电子邮箱　　　　　　工作单位
地　　址

地　　址：北京市丰台区成寿寺路11号邮电出版大厦1108室
　　　　　北京普华文化发展有限公司（100164）
传　　真：010－81055644
读者热线：010－81055656
编辑邮箱：pangweijun@ puhuabook. com
投稿邮箱：puhua111@126. com，或请登录普华官网"作者投稿专区"。
投稿热线：010－81055633
购书电话：010－81055656
媒体及活动联系电话：010－81055656　　　　　　　邮件地址：hanjuan@ puhuabook. com
普华官网：http：//www. puhuabook. com. cn
博　　客：http：//blog. sina. cn/u/1812635437
新浪微博：@普华文化（关注微博，免费订阅普华每月新书信息速递）